KB169449

학교 안팎 배움을 만드는
일곱 선생의 교육 실천서

교사,
선생이
되다

교사, 선생이 되다

초판 1쇄 발행 2014년 4월 28일
초판 2쇄 발행 2015년 10월 28일

지은이 강경필·고은자·김숙·김태은·양수희·이선화·허창영
펴낸이 김승희
펴낸곳 도서출판 살림터

기획 정광일
편집 조현주
북디자인 시아

인쇄·제본 (주)현문
종이 월드페이퍼(주)

주소 서울시 마포구 서교동 395-27
전화 02-3141-6553
팩스 02-3141-6555
출판등록 2008년 3월 18일 제313-1990-12호
이메일 gwang80@hanmail.net
블로그 http://blog.naver.com/dkffk1020

ISBN 978-89-94445-59-5 03370

*가격은 뒤표지에 있습니다.
*잘못된 책은 바꾸어 드립니다.

학교 안팎 배움을 만드는
일곱 선생의 교육 실천서

교사,
선생이
되다

강경필
고은자
김 숙
김태은
양수희
이선화
허창영
지음

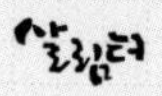

머리말

교사는 학교에 있고 선생은 어느 곳에나 있다

다른 사람을 가르치는 일을 하면서 새롭게 알게 된 사실이 한 가지 있다. '무엇을 가르쳐야 할 것인가?' 하는 고민 속에는 '내가 중요하게 생각하는 삶의 가치는 무엇이며, 이것을 통해 이루어내고 싶은 것들은 무엇인가?' 하는 자기 성찰에 대한 질문이 녹아 있다는 것이다. 이것은 비단 자격증을 소지한 '교사'들만의 고민이 아니다. 예수나 부처를 비롯한 수많은 철학자와 사상가들이 함께했을 고민이며, 지금도 많은 선생님들이 이 질문에 대한 본인만의 답을 찾고자 노력하고 있다. 그리고 마침내 그에 대한 답을 찾게 되었을 때 우리는 그것을 개인의 '교육관'이나 '교육철학'이라고 부른다. 그것은 누군가 떠먹여 줄 수 있는 것이 아니기에 스스로 내면을 탐구하고 직접 부딪쳐보는 경험을 통해 찾아야 한다. 그리고 여기, 그 물음에 대한 답을 찾기 위해 각자의 삶을 살고 있는 일곱 명의 '선생'들이 모였다.

이 책은 무겁지 않다. 교육관이나 교육철학 같은 심오한 단어가 등장하지 않는다. 학교 안팎에서 볼 수 있는 평범한 일곱 선생들이 진솔하게 살아온 이야기가 담겨 있다. '인권, 독서, 고전 읽기, 교육복지, 교육 공간, 학급 경영'이라는 소주제에서 알 수 있듯이, 교사라면 누구나 한번쯤은 접해봤을 평범한 소재를 가지고 이야기를 풀어낸다.

하지만 자세히 보면 이 책은 무겁다. 각종 교수 학습 방법론에 대한 수없이 많은 논의와 관련된 자료가 넘쳐나는 지금의 시점에서, 이 책에 등장하는 일곱 선생들은 '인권, 독서, 고전 읽기, 교육복지, 교육 공간, 학급 경영'이라는 평범한 소주제를 가지고 어렵게 이야기를 풀어낸다. 본인과 사회에 대한 반성과 성찰을 통해 '교사 자격증'과 '학교'라는 공간에 한정된 '교사'가 아닌 '먼저 난 사람'으로서 진짜 '선생'이 되고자 발버둥 치는 절절함이 녹아 있다. 학교 안팎 교육 현장에서 일어나는 사건들을 맞이하는 선생님들의 고군분투기이자, 일종의 고백서이다.

그럼에도 불구하고 이 책이 무겁지 않게 읽히기를 바란다. 세상 어디에도 가르치기만 하는 사람은 없으며, 배우기만 하는 사람도 없다. 여기 일곱 선생의 이야기가 누군가에게는 신선한 자극이 될 수 있으며, 그리고 그것이 또 다른 누군가에게 '교육'이라는 이름으로 전달될 수도 있는 일이다. 독자를 '교사'로 한정 짓지 않고 집필한 것도 바로 그 이유이다. 학교에서는 '교사'가 가르치는 사람이지만, 가정에서는 부모가, 사회에서는 친구가, 또는 옆집 할머니가 가르침을 주는 사람이자 '선생님'이다. '선생'은 어느 곳에나 있다.

끝으로, '클릭 교사, 철밥통 교사'가 많다고 난리들이다. 그런 소리에 교사들은 '교육 현장을 잘 모르고 하는 소리'라고 응대한다. 가슴에 손을 얹고 생각해보자. 일주일 동안 며칠이나 학생들을 가르치며 가슴 뛰는 수업을 했는지 말이다. 반대로 생각해보자. 가슴 뛰는 가르침을 받아본 경험이 몇 번이나 되는지 말이다. 이 책 속의 이야기들은 거칠기도 하고, 보완해야 할 부분도 많이 있다. 그럼에도 불구하고, 학교 안팎의 현장에서 가르치는 동시에 배움의 길을 걷고 있는 일곱 선생의 가슴 떨리는 그 울림이 독자들의 마음에 작은 파동이 되어 전해지길 기대하며 글을 마친다.

2014년 학교 안팎에서 고군분투 중인

일곱 명의 선생들

차례

머리말 | 교사는 학교에 있고 선생은 어느 곳에나 있다 5

01 초등 인권 교육
인권의 첫술, 배부르지 않아도 좋다 • 양수희 13

싸우며 자라는 아이들, 스트레스 받는 선생님 15
선생님 그리고 실패한 독재자 17
'폭탄의 견제'가 아닌 '협력'의 시스템으로 19
'인권'을 만나다 22
이미 다 알고 있는 것을 다시 배워야 하는 이유 23
"선생님! 화장실 가도 돼요?" 25
내 친구의 인권은 어디에? 31
인권 교육의 방향 잡기: 동아리 조직 32
인권, 미술을 만나다 34
5월 광주를 그리다 35
개구리 이야기 41
"선생님이 미안해" 46
더 생각해볼 것들 52

02 독서 교육
'자각'이 '실천'으로 이어지는 행복한 책읽기 • 김태은 59

왜 독서 교육인가 61
프로젝트 1 | 도서관을 디자인하다 64
프로젝트 2 | 세계 빈곤 76
프로젝트 3 | 짓밟힌 인권-일본군 '위안부' 86
독서 교육을 하면서 만난 어려움 92
글을 마치며 97

03 학급 경영
학급 경영에서 반 활동으로 • 고은자 99

하나, 영원한 첫 만남 101
둘, 스스로 서기 104
셋, 함께 걷기 115
넷, 다시 처음으로 126

04 인문학 교육
학교 밖 청소년들과 고전 읽기 • 강경필 131

1. '학교 밖 청소년'이라는 말의 의미와 상황 133
2. 학교를 떠난 청소년들과 어떤 공부를 할 것인가? 137
3. 어떤 고전들을 어떻게 읽는가? 146

05 교실 공간의 의미
교실, 그곳에 세상이 있다 • 김숙 157

날 보여줄 수 있는 공간, 너의 공간과 달라 159
교실, 하루 15시간을 보내는 삶의 공간 161
교실 창문 너머의 세상 169
저 산 너머의 세상 174
삶의 공간으로서의 교실 177

06 교육복지
좌충우돌, 강점 관점 교육복지 실천 이야기 • 이선화 187

사회복지와 교육복지 이야기 189
학교에서 교육복지 사업으로 사회복지사가 학생을 만난다는 것 192
강점 관점으로 전환했던 시간, "사회복지 서비스 너 어디까지 왔니? 193
강점 관점으로 학생을 바라보기 196
"약점을 수정하기에 힘 빼지 말아요.
재능으로 시작되는 강점을 발견해보아요!" 199
강점의 기반이 되는 자존감 살리기 203
강점을 넘어 관계와 생태에 대한 이야기 208
모든 것을 아우르는 기본이 되는 교육복지의 실천 방법은? 213
나가며 215

07 학교 인권
인권, 상식이 통하는 학교를 꿈꾸기 • 허창영 219

근대와 전근대의 애매한 공존 223
전근대를 벗지 못한 뼈아픈 현대사와 학교 226
오류투성이 학교의 규정 230
과도한 임의성과 자의성 236
규정과 현실의 괴리 239
교권에 대한 오해 243
교육적 열정이라는 잘못된 명분 249
인권, 결국 상식의 문제 252

01

초등 인권 교육

'인권'의 첫술, 배부르지 않아도 좋다

양수희

아직 많이 어설퍼도 '인권 교육'이다.
좋은 집이나 자동차가 아니라,
사람이 우선이기에 인권 교육이다.
비정규직이냐 정규직이냐, 연봉이 얼마냐,
어느 대학을 나왔느냐에 따라
사람의 가치가 달라지는 비상식적인 세상을
제대로 된 모습으로 바꾸어야 할 필요가 있기 때문에
'인권 교육'이다.

싸우며 자라는 아이들, 스트레스 받는 선생님

"선생님! ○○이가 놀려요."

"선생님! △△이가 제 물건 마음대로 가져갔어요."

"선생님! ㅁㅁ이가 장난쳐요."

"선생님! ◇◇이가 때려요."

"선생님……!"

초등학교의 '흔한' 쉬는 시간 풍경이다. 여기저기서 들려오는 아이들의 하소연을 듣는 데 10분은 너무 짧다. 급하게 처리해야 할 공문이라도 있는 날엔 더욱 그렇다. 그럴 땐 이 말 한마디가 만능 해결사이다.

"선생님한테 혼난다고 그래."

첫 발령을 받고, 2년 차 중반에 접어들었을 때쯤 '교직이 정말 내

길이 맞는지'에 대해 고민하는 나날을 보내고 있었다. 교실 문을 열고 들어서는 순간부터 들려오는 아이들의 하소연은 매일 스트레스를 주었다. 벗어나고 싶었다. 정년을 다 채울 때까지도 아이들 뒤치다꺼리만 하다 끝날 것만 같았다. 그때서야 학급 내에서 반복해서 벌어지는 문제점들에 대해 처음으로 '왜 그럴까?'라는 의문을 갖게 되었다.

"왜 친구를 괴롭히고 놀리는 걸까?"

"왜 그런 것을 재미있다고 느끼는 걸까?"

"왜 주변의 다른 아이들은 가만히 있거나 동조하는 걸까?"

위의 질문에 대한 답을 찾기 위해 나의 학창 시절을 돌아볼 수밖에 없었다. 초등학교를 다닐 때 '괴롭힘을 당하는 자'와 '괴롭혔던 자'의 역할을 모두 해본 나로서는 그리 어렵지 않게 답을 찾을 수 있었다. 타인의 감정에 대한 공감의 부재. 쉽게 말해 '너'의 마음을 헤아려 보려고 하지 않음이다. 그러고 나서 다시 질문을 던졌다.

"그렇다면, 무엇을 어떻게 가르쳐야 다른 사람에 대한 공감 능력을 길러줄 수 있을까?"

지금의 시점으로야 '인권 교육'이라는 세련된 용어로 정리를 하지만, 사실 그 당시 나에게 '인권 교육'이란 확고한 신념이 있었던 것은 아니다. 글의 서두를 장식하고 있는 '초등 인권 교육'이라는 제목은 마치 필자가 오래전부터 그 분야의 전문가일지도 모른다는 이미지를 풍기기에 충분하다. 하지만 애석하게도 나는 '아직은' 그런 사람이 아니며 그렇기에 이 글은 '인권 교육'에 대한 어떤 지침서가 아니다. 부끄럽지만 나에게 있어서 '인권 교육'의 출발은 「세계인권선언문」, 「학생인권조례」 같은 세련되고 멋있는 글로 인한 감동이 아니었다. '아이들끼리 싸우고 놀리고, 울고, 매일 이런 뒤치다꺼리만 하려니 정말 못해먹겠다!'라는 짜증 섞인 고백이 그 출발이었으며, 이 '어이없는' 이유가 이후 나의 교육관에도 영향을 주는 씨앗이 될 것이라고 그때는 감히 생각하지 못했다.

평화로운 학급 분위기를 위해 당근과 채찍을 적절히 사용해보았다. 하지만 효과는 그때뿐이었으며 근본적인 문제 해결이 되지 않았다. 결국, 문제의 화살표를 나에게 던질 수밖에 없었다.

"내가 놓치고 있는 것은 무엇일까?"

선생님 그리고 실패한 독재자

나는 왕이었다. 나는 대통령이고, 검찰총장이었다. 나는 대법원장이 되기도 했다가 거대 기업의 CEO가 되기도 했다. 나는 25명의 '을'을 거느리고 있던 '갑'이었다. 이런 화려한 이력을 가진 나를 25명의 '을'은 이렇게 불렀다.

"선생님!"

첫 발령 후 처음으로 나만의 '왕국'을 갖게 되었다. 아이들과의 만남에 대한 설레는 마음 한편에는 두려움이 컸다. '나의 교육철학은 무엇일까'를 진지하게 생각해볼 겨를이 없었다. 그 당시 나의 교육적 고민은 '학급 경영'이라는 그럴듯한 이름으로 포장된 '길들임'이었다.

'어떻게 하면 아이들이 내 말을 잘 듣게 할 수 있을까?'

지금 돌이켜보면 부끄럽지만 그땐 그랬다. 학급 규칙, 상벌제도, 학급 캠페인 등 이 모든 것들은 학급 내에서 아이들을 효율적으로 다루기 위한 도구이자 미끼였다. 나름의 방어를 해보자면, 나는 아이들을 싫어하는 사람은 아니다. 아이들이 싫었다면 교직이 아닌 다른 길을 선택했을 테니. 그 당시 나는 '초등' 단계에서는 아이들이 스스로 할 수 있는 것이 많지 않다고 생각했다. 모든 것에 내 손길이 닿지 않으면 엉망이 되어버릴 것 같았다. 하루가 멀다 하고 사소한 일로 서로 싸우고, 책임을 미루는 데 도가 튼 아이들을 믿을 수가 없었다. 그렇기 때문에, 내가 만들어놓은 규칙에 아이들이 제대로 응해주기만 한다면 모든 학급 문제가 해결이 될 것 같았다. 그 결과, 아이들 사이에서의 싸움은 일시적으로 무마시킬 수 있었지만, 근본적인 문제 해결은 하지 못했다.

비슷한 사건들의 연속이었다. 자폐(아스퍼거 증후군)가 있었던 우리 학급의 C는 늘 외로웠다. 결국, 졸업을 할 때까지도 아이들과 제대로 어울리지 못했다. 첫 발령을 받고 1년간은 TV에 나올 법한 사건 사고는 없었다. 교과 진도도 모두 마쳤다. 첫 제자들을 무사히 졸업시켰다. 그리고 마지막 날엔 함께 울기도 했다. 졸업하는 아이들로부터 선생님이 최고였다는 이야기도 들었다. 하지만 나는 그저 주어진 교과 지식의 전달에만 충실한 교사였다. 내 왕국에 잘 길들여진 '백성'

을 만드는 데에는 성공했다. 하지만 그 이상은 없었다. '수업'을 잘하는 것은 좋은 선생님으로서의 필요조건이지만 '교과 수업'만 잘해서는 좋은 선생님이 될 수 없다는 당연한 사실을 뒤늦게 깨달았다. 나는 실패한 독재자였다. 그리고 그다음 해에도 나는 독재자였다.

'폭탄의 견제'가 아닌 '협력'의 시스템으로

아이들을 탓하는 것은 그만두고, 일단은 내가 먼저 달라지기로 했다. 그리고 아이들을 믿어보기로 했다. 교사 1인의 독재가 아닌 민주적인 학급 분위기를 만드는 것이 우선이라 생각했다. 그동안 내 편의대로 규정했던 학급 규칙의 각 조항들을 아이들과 함께 다시 살펴보았다. 아이들의 의견을 들어 불합리하거나 과하다 싶은 항목을 골라냈다. 예를 들면 이런 것이다.

> 어느 모둠의 한 학생이 떠들 경우, 그 모둠 전체에 책임이 있는 것으로 판단하여 모둠이 벌점을 받는다. 그리고 모둠 벌점이 3개가 모이면 그 모둠은 남아서 청소를 하고 간다.

애초에 이것은 아이들끼리 서로의 행동을 견제하여 주의를 하라는 의미로 만들어놓은 조항이었다. 모둠을 짜다 보면 한 모둠 내에 시쳇말로 '폭탄'인 아이가 한 명씩은 꼭 끼어 있다. 모둠 벌점을 받지 않기 위해서 나머지 아이들은 선생님 대신 그 친구에게 잔소리를 할 수 밖에 없다. 어느 정도의 효과는 있었다. 하지만 이 조항으로 인해 그동안 다수의 희생자가 나오는 일이 많았다. 한 명의 '폭탄' 때문에 세 명이 함께 남아 공동 책임을 물어야 했다. 자리를 바꿀 때면 '폭탄'과 같은 모둠이 된 아이들은 "망했다."는 소리를 연발했다. 그리고 '폭탄'인 아이는 친구들에게 미안해하면서도 "왜 나만 갖고 그래."라며 억울해했다. 나는 편했고, 아이들은 힘들어했다. 그리고 그 과정 속에서 아이들의 크고 작은 다툼이 많아질 수밖에 없었다. 그동안 나도 우리 학급의 평화를 흐트러뜨리는 데 일조한 셈이었다.

아이들의 여러 가지 제안 중에서 합리성, 실천 가능성 등을 따져 몇 가지를 선별하였다. 그리고 그중에서 다수의 합의를 얻은 것으로 학급 규칙을 개정하였다. '공동 책임제'였던 시스템은 '개인 책임제'로 바뀌었다. 단, 벌점이 아닌 상점은 '모둠 점수제'를 유지하기로 했다. 학급 내에서 '따돌림' 같은 공동의 문제가 발생할 경우에는 다 함께 책임을 지기로 했다. 상점이나 벌점을 없애자는 의견은 없었다. 내가 먼저 슬쩍 던져보았다.

"상점과 벌점을 아예 없애는 건 어때?"

오히려 아이들이 반대하였다. 그러면 우리 반이 너무 무질서하게 될 것 같다고 했다. 각자의 의견을 내어 합의를 거쳐 수정된 학급 규칙에 대해 아이들의 호응이 매우 좋았다. 내 생각만큼 '아이들이 마냥 어리기만 한 것은 아니구나.' 하고 새삼 느껴지던 순간이었다. 그 이후 모둠 벌점으로 인해 불이익을 받게 된 아이들 간의 다툼은 눈에 띄게 줄었다. 그리고 모두의 회의를 통해 결정된 학급 규칙인 만큼 이의를 제기하거나 불평을 하는 아이도 없었다. '칭찬' 점수를 얻기 위해서는 모둠원이 다 같이 노력을 하고, 자신의 잘못에 대해서는 개별적인 책임을 지게 되었다. "너 때문에"라는 아이들 간의 대화가 줄었다. 함께 노력해서 '상점'을 받기 위해 서로 격려하고 협력을 하려는 움직임이 있었다. 내가 마음대로 정해놓았던 학급 규칙을 아이들의 의견을 들어 조금 바꾼 것이 전부였다. 하지만 그전에 비해서 아이들끼리의 다툼이 눈에 띄게 줄어들었다.

이 작은 변화를 통해 한 사람의 어른이 최고이자 최선이 아니며, 제대로 된 시스템이 아이들의 행동에 미치는 긍정적인 영향이 크다는 것을 알 수 있었다. 여기서 '제대로'라는 말은 학급 내에서 민주적인 원칙에 따른, 이른바 '학생의, 학생에 의한, 학생을 위한' 시스템을 일컫는 것이다. 그전까지 나는 '선생님의, 선생님에 의한, 선생님을 위한' 시스템 속에서 아이들이 잘 적응해주길 바랐었다. 하지만 내 생각이 틀렸다. 진보와 발전은 '똑똑하고 잘난' 한 명으로 이루어지는 것이 아니었다. 다수의 협력 속에서 긍정적인 방향으로의 '정반합'을 통해 이루어진다. 과거의 역사를 통해 배운 '대중의 힘'이란 이런 것이다. 교실에서도 마찬가지였다. 교사가 '권력'을 내려놓을 때, 많은 수의 학생들이 더 행복해졌다.

'인권'을 만나다

교육 현장에서 '인권'이라는 단어를 처음 접하게 된 것은 '5·18 민주화 운동'에 관한 수업을 하면서부터였다. 물론 그전에도 '인권'이라는 용어는 머릿속에 막연하게나마 들어는 있었다. 하지만 그것을 아이들을 대상으로 풀어내야겠다는 시도나 생각을 해보진 않았다. 일단 '어렵다'라는 게 첫 번째 이유였으며, 내가 누군가에게 '인권'에 대해 수업을 할 만큼 내 자신이 '인권 의식'을 갖춘 사람이 아니라는 것이 두 번째 이유였다.

그럼에도 불구하고 '5·18과 인권'을 주제로 첫 수업을 하게 되었다. 그도 그럴 것이 지금 생각해보면 많이 부족하고 미흡했던 수업이다. 나조차도 개념이 제대로 서지 않아 '인권-사람이 가진 기본적인 권리'라는 식으로 용어 풀이나 해주던 수업이었다. 이런 내용의 수업이 아이들에게 진심으로 와 닿았을 리가 없다. 교육에서는 '내면화'라는 것이 중요하다. 인권이라는 용어와 그 뜻을 알아본 것이 수박의 외형을 본 것이라면, 수박의 속살을 먹는 것은 바로 그 개념을 '내면화'하여 자기의 것을 만드는 과정이다. 그 시간 나는 아이들에게 수박을 던져주기만 했다. 껍데기 모양만 보여주며 그것이 수박의 전부인 양 수업을 했다. 인권 수업이 아니라 인권이란 글자가 갖고 있는 뜻이 무엇인지' 알아보는 낱말 풀이 수업이었다.

앞서 고민했던 '공감의 정서를 끌어내기 위해서는 어떻게 해야 할까?'라는 물음과 '공감의 부재'라는 화두는 '사람을 소중히'라는 너무

나 당연한 사실로 귀결되었다. 그리고 독서 교육이나 창의성 교육처럼 하나의 정립된 이름이 필요했다. 서점에 가서 참고가 될 만한 책을 뒤져보았다. 구독하고는 있지만 제대로 펼쳐 정독해본 적이 없던 국가인권위원회의 인권 잡지를 읽어보았다. 도움이 될 만한 강의를 찾아 듣기도 했다. 몇 번 고민의 과정을 거친 끝에 답은 멀지 않은 곳에 있었다는 것을 알게 되었다. '허접'했던 나의 '5·18과 인권' 수업이 그 답이었다. 다시 제대로 '잘' 해보고 싶었다. '인권'의 개념 정리가 아닌 진짜 '인권 교육'을 해봐야겠다는 생각을 하게 되었다.

아이들의 다툼이 없는 화목한 교실을 만들고자 했다. 아니, 아이들의 갈등을 최대한 줄여서 편하게 하루를 보내고 싶었다. 물론 평화로운 교실을 만드는 것이 '인권 교육'의 전부는 아니다. 하지만 교육이라는 대주제에 뻗어 있는 수많은 가닥들 중에서 '교실의 평화'라는 작은 실을 잡고 따라 걷다 보니 나는 어느새 '인권 교육'이라는 새로운 줄을 잡고 있었다.

이미 다 알고 있는 것을 다시 배워야 하는 이유

도덕 시간. '진짜 인권 교육'이라는 나름의 목표를 가지고 야심차게 첫 수업을 시작했다. 교과서를 처음부터 끝까지 훑어보라고 5분을 주었다. 위인들의 이름을 제외하고, 새롭게 알게 된 내용이나 몰랐던 내용이 있다면 손을 들어보라고 했다. 아무도 손을 들지 않았다. 내 예상이 적중했다. 바로 다음으로 넘어갔다.

"다 알고 있다는 거네? 그럼 도덕은 안 배워도 되겠다. 그치?"

아이들이 '엥?' 하는 표정으로 나를 바라보았다.

"책을 다시 한 번 더 보자. 각 단원과 내용들을 같이 볼까?"

교과서를 뒤적이며 전 단원을 아이들과 함께 살펴보았다.

"그래. 1단원, 최선을 다하는 삶. 제목 좋네. 어떤 일을 하든지 성실하게 최선을 다해서 해야 된다는 내용이네. 이건 1학년 동생들도 아는 내용이겠다. 그치?"

아이들이 '피식' 웃으며 끄덕인다.

"다음, 2단원, 감정, 내 안에 있는 친구. 나쁜 감정이 아니라 좋은 감정을 기르자는 내용이구먼. 친구에게 나쁜 감정을 표현하면 안 된다는 내용도 있고. 혹시, 다른 의견이 있는 사람?"

너무 뻔한 질문이어서 그랬을까. 아이들이 웃었다.

"그럼, 다음 3단원, 갈등을 대화로 풀어가는 삶. 이건 너희들이 평소에 자주 싸워봐서 잘 알겠네. 친구랑 다툼이 있을 때 싸우면서 해결하라고 배운 사람 혹시 있니?"

이런 식으로 모든 단원을 짚었다. 그리고 질문을 던졌다.

"방금 본 것들은 너희들이 어릴 때부터 부모님, 선생님한테 지겹게 들어서 이미 '잘' 알고 있는 뻔한 내용들이잖아. 그치? 그런데 왜 굳이 수업 시간을 통해서 다시 공부를 해야 하는 걸까?"

그때서야 선생님의 의도를 파악한 몇몇 아이들이 손을 들었다.

"저희가 알고 있는 내용대로 살지 않아서요."

"알고는 있으면서 실천을 하지 않아서요."

고맙게도 아이들은 내가 원하는 답을 해주었다.

그리고 마지막 질문을 던졌다.

"그럼 왜, 알고 있는 대로 살지 않는 거지? 너희들이 이미 알고 있는 대로만 잘 지내면, 친구랑 싸울 일도 안 생길 텐데 말이야."

교실이 다시 조용해졌다. '할 말은 있지만, 막상 뭐라고 대답해야 할지는 모르겠다.'는 눈들이 멀뚱한 표정으로 나를 바라보았다. 우리는 첫 인권 수업을 그렇게 25개의 물음표를 남긴 채 마쳤다.

"선생님! 화장실 가도 돼요?"

학교는 교사와 학생이라는 두 개의 큰 톱니가 맞물려 움직이는 세상이다. 물론 학부모, 지역사회 등의 다른 톱니도 있다. 학교 내에서 '인권 문제'의 큰 축을 이루고 있는 것은 교사와 학생이다. 이 속에서 아이들은 보고, 듣고, 배운다. 하지만 어떤 관계이든 힘의 논리는 작용한다. 문제는 늘 힘의 균형이 맞지 않는 데에서 생긴다. 이제는 사회적 문제가 되어버린 학교 폭력, 학생 인권과 교권, 비정규직 실무사의 처우 개선 등, 학교 안에는 '인권'과 관련된 일들이 많다. 하지만 이것이 인권 문제인지 잘 모르고 넘어가는 경우가 더 많다. 둔하다. 학교는 인권 감수성이 메말라 있다.

'학생 인권' 하면 쉽게 떠오르는 장면이 몇 가지 있다.

장면 1

무서운 표정의 '학주(학생주임)'가 교문 앞을 지킨다. 학생주임 선생님은 교복을 입은 아이들이 교문을 통과하는 장면을 매의 눈으로 바라본다. 복장이 불량한 학생을 잡아낸다. 잡힌 학생은 손을 들고 교문 앞에 서 있다.

장면 2

학생이 교사에게 대든다. 교사는 학생을 때린다. 때리는 것이 아니라 개 패듯 팬다.

장면 3

공부를 잘하거나 집이 잘사는 학생은 교사의 총애를 얻는다. 그러지 못한 학생은 교사의 관심 밖이거나 미움을 받는다.

학교가 배경인 드라마나 영화에서 한 번씩은 봤음직한 진부한 장면Cliché이다. 물론 과장된 부분이 있지만 대부분은 현실을 반영한다. 「학생인권조례」가 이슈가 되면서 체벌이나 복장단속 같은 가시적인 부분에서 많은 개선이 있었다. 내 어린 시절을 돌아보면 엄청난 발전이다. 그땐 숙제를 해 오지 않거나 준비물을 챙겨 오지 않았다는 이유로 뺨이나 손바닥을 맞는 일이 부지기수였다. 하지만 나를 포함한 그 누구도 그것을 문제 삼지 않았다. 심부름을 제대로 수행하지 못했다는 이유로 초등학교 1학년이었던 내가 담임선생님으로부터 '○○년'

이라는 욕을 들으면서도 나는 찍소리조차 할 수 없었다. 나는 '학생 인권'이 무엇인지 듣지도 배워보지도 못한 채 학교를 다녔다. 하지만 요즘 초등 교육 현장에서는 체벌하거나 욕을 하는 교사를 거의 찾아보기 힘들다. 원래 당연히 그래야 했던 것이다. '꽃으로도 때리지 마라.'는 말처럼 그 누구도 힘을 사용해서 다른 사람을 제압할 권리는 없다.

세상이 참 좋아졌다. 학생들이 이제야 인권을 존중받는다. 그런데 정말 그럴까? '등잔 밑이 어둡다.'고 했다. 초등학교야말로 인권의 사각지대가 아닌가 싶다. 아이들이 아직 어리다는 이유로 가해지는 제약이 너무 많다. 이것이 학생 인권과 관련이 있다는 것도 모른 채 넘어간다. 교사도 학생도 모두 둔하다.

하나의 사례를 들자면, 초등 교실에서 아이들은 자유롭게 군것질을 할 수가 없다. 중·고등학교처럼 교내에 매점이 있는 것도 아니다. 그렇다고 교문을 나갈 수도 없다. 아침을 거르고 오는 아이들이 종종 있다. 그런 아이들은 점심을 먹기 전까지는 배가 고파도 참아야 한다. 배가 고파도 쉬는 시간에 마음대로 간식을 먹을 수 있는 권리가 없다. 그 시간 교사는 티타임을 갖는다. 나도 그랬다. 그런데 문제를 제기하는 학생은 없다. 선생님은 되지만 아이들은 안 되는 당연한 원칙으로 굳어져버린 것이다. '교실에서 군것질 금지'라는 원칙이 학급 전체의 의견을 반영한 것이라면 이야기는 달라진다. 하지만 대부분의 학급에서 그것은 교사가 임의로 정해놓은 규칙일 가능성이 높다. 그게 무슨 인권 문제냐고 반문할 수도 있다. 작은 문제인 것 같지만 수업 중 배가 고픈 당사자에게는 작은 문제가 아닐 수도 있다. 사소해 보이지만 원래 문제의식은 당연해 보이는 것을 비틀어 볼 때 갖게 되는 불편한 마음에서부터 출발한다.

"선생님, 화장실 가도 돼요?"

"선생님, 이거 색연필로 칠해도 돼요?"

"선생님, 밑그림 다 그리고 검사 맡아요?"

"선생님, 물 마셔도 돼요?"

하루에 열 번도 넘게 듣는 질문이다. 처음엔 그랬다.

'별걸 다 물어보네.'

그렇다고 그동안 "안 돼."라는 대답을 한 적은 없었다. 나의 대답은 늘 같았다. "응 그래." 그렇지만 아이들은 매일 같은 질문을 했다. 몇 수십 번 반복이 되고 같은 대답을 하다 보면 지칠 수밖에 없다. 그래서 어느 날은 아이들에게 선언을 했다.

"수업 시간에 물어보지 말고 화장실에 다녀와라. 물 먹고 싶으면 마셔라. 특히 미술 시간엔 허락 맡지 말고 너희들이 하고 싶은 대로 자유롭게 표현해라."

그랬더니 얼마 안 가서 아이들은 이렇게 물어보았다.

"선생님, 우유 마셔도 돼요?"

"선생님, 보건실 다녀와도 돼요?"

"선생님, 배경도 칠해요?"

아이들에게 자유를 주었지만 달라진 것은 별로 없었다. 교사 연수를 받다 보면 나도 중간에 화장실을 다녀올 때가 있다. 아예 커피를 마시며 수업을 듣는다. 그 마음을 알기 때문에 한 번도 수업 시간에 화장실을 가거나 물을 마시러 다녀오겠다는 아이를 혼낸 적이 없었다. 그럼에도 불구하고 아이들은 내 눈치를 봤다. 작은 행동 하나에도 나의 확인을 받으려고 했다. '아이들이기 때문에' 갖는 성장 단계에서의 특성이 원인일 수 있겠지만, 그보다 더 큰 이유가 있다고 생각했다.

'선생님에게 혼나지 않기 위함.'

아이들은 '내가 할 수 있는 것', '자신의 권리'를 능동적으로 찾기보다는 '내가 해서는 안 되는 것'을 배우고 그것에 순응하는 법에 길들여져 있었다. 그 결과물이 바로 "선생님, 화장실 다녀와도 돼요?" 하고 질문하는 학생이었다. 그리고 나도 그런 아이들을 길러내는 교사 중 한 명이었다.

신문 기사나 뉴스를 보면 중·고등학생들이 자신들의 '권리'-교복 자율화, 두발 자유, 역사 교과서 채택 문제 등-를 능동적으로 찾고자 하는 모습이 종종 보인다. 그리고 실제로 많은 부분에서 어른들이 그들의 목소리에 귀를 기울이기도 한다. 그들은 '청소년'이다. 하지만 우리 '어린이'들은 잘 모른다. 어려서 모르는 것이 아니라 제대로 알려주지 않아서 모른다. 저학년인 아이들은 '기본 생활 습관 형성'이라는 명목으로 자신의 책상 서랍, 사물함까지도 담임교사의 취향에 맞추어 똑같이 정리를 해야 한다. 심지어는 발표할 때 손을 올리는 방법도 배운다.[1] 이 몇 가지의 사례가 효율적인 학급 경영을 위한 교사의 고민에서 나온 방침인지, 일제식 교육의 잔재인지 더 생각해볼 문제이다. 그리고 아직도 많은 학급에서 '일기 검사'를 한다. 나 역시도 일기를 통해 학생과 교사가 소통을 하고, 학생의 근황을 알 수 있다는 긍정적인 이유를 들어 시행했다. 하지만 이것이 아이들의 사생활 침해라는 생각을 해본 적은 없었다. 그저 '초등학생'이니까 당연히 해야 하는 일 중의 하나였다. 이러다 보니 '선생님 제출용' 일기장을 따로 만드는 아이들도 생긴다.

초등학교에서는 이런 식으로 교사가 정해놓은 기준에 따라 움직이는 것들이 너무나 많다. 현장에서 나름의 신념을 가지고 열심히 지도하고 계시는 모든 교사들을 비판하려는 것은 아니다. 그들 나름의 긍정적인 이유도 있고 아이들을 생각하는 마음이 크다는 것도 잘 알고 있다. 하지만 교사의 체벌이나 욕이 없다고 해서 학생 인권이 존중받는 것은 아니다. 어떤 의도를 가지고 교사가 학급 아이들을 대할 때, 그것을 '학생 인권'의 측면에서 먼저 생각해보았느냐는 '민감성'에 대해 묻는 것이다. 친절하고 다정한 선생님일지라도 권위적일 수 있다.

1 오른손은 필기를 해야 하므로 왼손을 사용할 것. 팔꿈치를 직각으로 구부리고 손가락을 붙일 것. 새끼손가락만 들어 올리는 것은 질문이 있다는 것이고, V자를 그리는 것은 동의를 한다는 뜻이며, 주먹을 쥐는 것은 반대 의견이 있다는 의미이다.

문제는 본인이 권위적인 교사라는 것을 자각하지 못하는 교사가 많다는 것이다. 나도 그랬다.

내 친구의 인권은 어디에?

언론과 미디어의 영향 때문인지 '학생 인권'에 대한 관심이 예전보다는 높아졌다. 교사에 의한 학생 인권 침해-교사의 모욕적인 말이나 차별, 체벌-에 대해서는 학생도 학부모도 민감하게 반응을 하게 되었다. '인권'이라는 단어가 더 이상 생소하게 들리지는 않는다.

그렇다면 아이들 사이에서는 어떨까?

A가 B를 놀린다. 이름을 바꿔 부르거나 외모의 특징을 잡아 놀린다.

B가 C를 툭툭 때린다. 하지 말라고 하는데도 자꾸 건드린다.

C가 D에게 물건이나 돈을 빌리고 돌려주지 않는다.

A가 D와 같이 앉고 싶지 않다고 한다. 이유는 잘 씻지 않아서란다.

B가 A를 무시한다. B는 공부를 잘한다.

교실에서 자주 있는 일이다. 하지만 아이들은 '인권'의 관점에서 바라보지 않는다. 장난이다. 친구를 놀리거나 괴롭히는 행동, 무시하는 행동이 모두 재미있으니까 하는 장난일 뿐이다. 만약 어떤 교사가 그 학급의 한 학생에게 "너 냄새 나니까 내 옆에 오지 마."라고 했다 치

자. 곧바로 교육청에 '개념 없는 교사'로 민원이 들어갈 것이다. 어쩌면 좋은 기삿거리가 될 수도 있다. 교사가 학생 인권을 무시했다. 맞는 말이다. 물론 그럴 교사는 없을 거라고 믿는다. 아이들은 모두 "선생님이 학생의 인권을 존중하지 않았다."고 비난할 것이다. 그런데 그것이 아이들끼리의 문제로 넘어가면 아이들은 그렇게 바라보지 않는다. 안 씻고 지저분하게 하고 다니는 친구가 이상한 사람이 되는 것이다. 친구들 사이에서 놀림을 받는 것이 당연해진다. 그런 친구를 놀리는 게 아이들 사이에서는 재미있는 일이 되어버린다.

국어, 수학, 영어 시험에서 90점을 넘느냐 못 넘느냐에 관해서는 호들갑을 떨지만 또래 관계에서 '인권의식'은 상당히 둔하다. 아니 위에서 언급한 작은 사례들이 '인권'과 관련되어 있다는 것도 모른 채 생활을 한다. 모르기도 하지만 관심조차 없다.

인권 교육의 방향 잡기: 동아리 조직

인권 수업을 본격적으로 풀어가기 전에 할 일이 있었다. '동아리 조직'[2]이었다. 구성원은 우리 반 학생들이었다. 굳이 동아리를 꾸려 인권 수업을 하려 했던 이유는 첫째, 민주인권 동아리로 등록을 하면

2 광주광역시 교육청에서는 「학생인권조례」 시행(2012. 1. 1)과 동시에 '민주인권 동아리 육성 및 지원 사업'을 실행하여 각종 인권 연구 및 실천 활동을 학교 구성원들에게 도모할 수 있도록 지원하고 있다. 그래서 2년에 걸쳐 200여 개의 동아리가 육성되어 현재까지 활동하고 있다.

교육청에서 활동 지원금이 나온다. '같은 값이면 다홍치마'라고 기왕 할 거 지원금을 받아 운영하면 아이들에게 책 한 권이라도 더 사줄 수 있지 싶었다. 둘째, 아이들에게 우리는 특별한 것들을 배우며 실천한다는 자부심을 심어주고 싶었다. 학원에서 시험을 봤는데 다 맞았다고 자랑하거나, 벌써 중학교 내용을 배운다며 으스대는 아이들이 종종 있다. 하지만 "5·18에 대해서 잘 알고 있다."거나 "인권에 대해 배우고 있다."며 자랑하는 아이들은 없다. '중요하니까', '알아야 하니까'라는 이유를 넘어 '이렇게 중요한 것들을 우리가 함께하고 있다.'는 느낌을 갖게 해주고 싶었다. 마지막으로, 학급명이 아닌 동아리로 움직여야 교내 활동에서 자율성이 조금 더 커질 것 같았다.

'파랑새.'

본교 J선생님이 조직하고 작년 1년 동안 운영한 학생 인권 동아리이다. 아예 처음부터 새로운 동아리를 만들어도 되지만, 그것보다는 인권 동아리의 지속성을 살리고 싶었다. 그래서 J선생님을 찾아갔다. '파랑새(2기)' 이름의 사용권을 요청했고, 흔쾌히 허락을 받았다. 이로써 우리 학교에는 2기째 내려오는 인권 동아리가 생겼다. 우리 반 아이들에게는 약간의 양념을 더한 선의의 거짓말을 했다.

"우리 학급이 전교에서 가장 인권 친화적인 반으로 뽑혔다. 그래서 1년 동안 학생 인권 동아리 '파랑새(2기)'로서 인권에 대해 배우고 활동을 할 수 있게 되었다."

무엇인지 잘은 모르지만 일단 좋은 내용으로 뽑혔다니, 아이들이 환호를 했다. 무엇인가를 "해야 한다."가 아니라 "할 수 있게 되었다."

는 말은 아이들에게 좋은 자극이 되었다. '파랑새'가 되었다는 사실만으로도 아이들은 즐거워했다. 출발은 순조로웠다.

인권, 미술을 만나다

수업은 재미있어야 한다. 특히, 주의 집중력이 성인에 비해 높지 않은 초등학생의 경우 더욱 그렇다. 나에게 '재미'란 꽤 어려운 과제였다. 웃음을 유발하는 농담을 할 만큼 내가 재미있는 사람은 아니다. 그런 일시적인 즐거움도 물론 중요하지만, 아이들이 배우는 과정에서 느낄 수 있는 재미를 주고 싶었다. 배우는 과정에서의 '재미'란 새로운 것을 접하고 알아가는 즐거움, 그것이 진짜 '나의 것'이 될 때 느끼는 뿌듯함이다. 무엇보다도 가르치는 나에게도 재미가 있어야 했다. 내가 가장 자신 있게 잘할 수 있는 것. 그래서 선택한 것이 '미술'이었다.

미술과 인권. '인권에 대해 배우고 그림을 그리나?' 식상한 수업이 떠오른다. 아주 틀린 말은 아니다. 하지만 엄밀히 말하자면 다르다. '미술을 통한 인권 교육, 작품을 창작하는 과정 속에서 배우는 인권'이 큰 목표였다. 주의할 점이 몇 가지 있다. 첫째, '미술을 통한' 인권 수업이어야지, 인권이 주제인 '미술 수업'이 되어서는 안 된다. 둘째, 기술적으로 좋은 작품, 잘된 작품에 기준을 두어서도 안 된다. 셋째, 작품을 만드는 과정에서 아이들과 끊임없이 의사소통을 하며 피드

백을 해주어야 한다. 이런 나름의 원칙을 세워놓고 일단 한번 해보기로 했다.

'파랑새(2기)'의 큰 밑그림이 그려졌다. 1년 동안 우리가 함께 풀어갈 '인권 수업'의 방향에 맞추어 그럴듯한 이름도 붙였다.

'파랑새가 그리는 사람과 세상.'

5월 광주를 그리다

5월이 되었다. 5월의 주제는 '5·18 민주화 운동'이었다. '너무 식상한 거 아니냐.'라는 딴죽을 걸 수도 있겠다. 하지만 그렇기에 '5·18'이었다. 역사적으로 의미 있는 다른 사건도 많지만 우리 아이들이 발을 딛고 있는 이곳이 바로 '광주'이다. 어쩌면 아이들의 가족이나 먼 친척 중엔 5·18 희생자나 유공자가 없을지도 모른다. 그렇다고 해서 이 아이들이 '5월 광주'와 관련이 없다고 누가 감히 이야기할 수 있을까? 본인의 선택 여부와 상관없이 어쩔 수 없는 광주의 아이들이다. '기억하지 않는 역사는 되풀이된다.'고 했다. 아이들이 '제대로' 기억하고 느낄 수 있도록 해주고 싶었다.[3]

5·18 민주화 운동에 대해 제대로 알기 위해서 해방 이후 근현대사부터 시작했다. 우리 아이들은 2년 동안 '5·18 연구학교'를 하며 교육을 받은 나름의 '경력'이 있다. 그런데 "5·18 민주화 운동이 뭐지?"라고 질문하면 아직도 "북한군이요~"라고 운을 떼거나, "전두환!"이라

는 특정 인물의 이름만 외치는 아이들이 있다. 2주 동안 사회 시간에 한국 근현대사 수업을 진행했다. 영상 자료를 활용하기는 했지만, (초등에서 지양하는) 강의식 수업이었기에 아이들이 흥미를 잃으면 어쩌나 걱정을 했다. 하지만 아이들은 꽤나 흥미를 갖고 적극적으로 질문을 하며 수업에 참여했다. 오히려 "삼성의 사카린 밀수 사건[4]이라는 것을 어디선가 들어봤다."면서 자세히 설명해달라고 요청하는 학생이 있었다. 덕분에 나도 관련된 책을 뒤져가며 오랜만에 '제대로' 다시 공부를 해야만 했다.

2주간의 역사 수업을 마치고 본격적인 작품 만들기를 시작했다. 사실 5·18을 주제로 미술 작품을 처음 만들어보는 것은 아니다. 하지만 그전까지는 이른바 '잘' 만든 작품이 좋은 작품이었다. 미술 활동을 통해 무엇인가를 배우는 과정이 아니라 아이들이 만든 작품을 전시하고 보여주기 위한 목적이 더 컸다. 그랬기 때문에 수업을 진행할 때에도 "5·18을 주제로 그림을 그려보자." 또는 "5·18의 정신을 표현해보자."가 전부인 미술 수업이었다. 앞서 말한 '○○를 주제로 하는 미술 수업'의 전형이었다. 그런 실수를 되풀이하지 않으려 했다.

5월 판화의 제작 목적은 '그 당시 인권을 유린당했던 광주 시민에

3 이쯤 되면, 인권 수업 이야기를 하다가 갑자기 '5·18 민주화 운동'에 목소리를 높이는 필자에 대해 궁금증을 갖는 독자가 적어도 한두 명은 있을 거라 생각한다. 나는 광주 태생도 아니며 사돈의 팔촌까지도 광주에 거주하시는 분이 없다. 가족 중에 '5·18 유공자'는커녕 '국가 유공자'도 없다. 그 시대를 직접 겪은 세대는 더욱 아니며, 어디서나 흔히 볼 수 있는 '20대 여자, 선생님'이다. 본인이 '5·18 민주화 운동'에 관심을 갖게 된 계기부터 시작해서 그와 관련하여 할 말은 많지만, 구구절절한 스토리를 풀어놓는 것이 이 글의 목적이 아니기에 이 부분은 접어두기로 한다.

4 사카린 밀수 사건, 1966년 5월 24일 삼성이 경남 울산시에 공장을 짓고 있던 한국비료가 사카린 2,259포대(약 55t)를 건설자재로 꾸며 들여와 판매하려다 발각이 된 사건.

대한 공감 형성하기'였다. 작품 전시를 통해 제삼자의 마음을 움직이는 것도 중요하지만, 작품을 만들며 아이들이 느끼고 공감할 수 있도록 해주고 싶었다.

"얘들아. 우리는 5·18 민주화 운동에 대해서 배웠기 때문에 이제 잘 알고 있잖아. 그런데 다른 지역에 사는 사람들 중에서 너희들 또래의 친구들이나 몇몇 어른들은 5·18 광주 민주화 운동이 어떤 사건인지 제대로 알지 못하는 사람들이 많아."

"학교에서 안 배워요?"

아이들이 꽤나 놀란 표정으로 되물었다.

"학교에서 알려주겠지. 그런데 우리만큼 관심을 갖지 않거나, 또는 잘못된 정보를 통해 5·18 민주화 운동을 접하고 그 의미를 훼손시키는 사람들이 있어."

한창 인터넷을 떠들썩하게 만들었던 '홍어 택배'[5] 사진을 보여주었다. 그리고 그 아래에 있는 '몹쓸' 멘트-"아이고 우리 아들 택배 왔다. 착불이요."-도 함께 읽어주었다. 몇 명의 남학생이 키득거렸다. 순간 욱하는 마음에 화를 낼 뻔한 것을 목소리를 가라앉히고 나지막이 질문을 던졌다.

"저기 사진 속 울고 계신 할머니가 우리 할머니라면, 관 속에 누워 있는 분이 우리 아빠라면, 내 가족 중의 한 사람이 저 사진 속의 인

5 극우 성향의 커뮤니티 '일간베스트 저장소(일베)'의 한 회원이 5·18 희생자의 어머니가 관 옆에서 오열하는 사진에 "아이고 우리 아들 택배 왔다. 착불이요."라는 글과 함께 5·18 민주화 운동 희생자 시신이 담긴 관을 '홍어 택배'에 비유한 게시물을 올려 사진 속 유가족에게 고소당하는 사건이 있었다.

물이라면, 아니 내 가족이 아니라 내 친구의 가족이라 할지라도, 그래도 택배니 뭐니 하는 소리를 하며 웃을 수 있을까?"

교실 분위기가 묵직해졌다. 키득거림이 멈췄다. 어느 누구도 웃지 않았다.

타인의 감정에 공감하지 못하는 사람을 일컬어 '사이코패스' 또는 통칭하여 '반사회적 인격 장애'라고 부른다. '살인'이라는 물리적 행위뿐만 아니라 생활 속에서 재미를 이유로 타인을 놀리거나 욕을 하는 등의 행동도 '공감의 부재'라는 연장선에 함께 놓여 있다. 아이들은 '살인'은 나쁜 것으로 구별을 하지만, 타인의 별명을 부르며 놀리거나 따돌림을 시키는 것은 정도의 차이만 있을 뿐, 같은 맥락에서 잘못된 행동이라고 생각하지 않는다. 한 번의 수업으로 아이들의 일상의 모습이 '짜잔' 하고 마법처럼 달라지지는 않는다. 이후의 과제가 많지만, 일단은 이런 역사적 사건 속에서 아이들의 '공감'을 이끌어낼 수 있는지가 궁금했다. 5·18은 아이들이 직접 겪은 사건이 아니다. 당장 어제 일어난 일들도 잘 기억해내지 못하는 아이들이 하물며 부모님 세대 이전의 일들을 제대로 잘 알고 공감하기란 쉬운 일이 아니었다.

아이들에게 과제를 내주었다.

5·18 민주화 운동이 어떤 사건인지 잘 알지 못하는 다른 지역의 친구들에게 한 장의 이미지를 통해 보여주려고 합니다. 어떤 장면을 통해 알려주고 싶은지 각자 자료 조사를 해서 사진을 한 장 골라 오세요. 그리고 왜 그 사진을 택했는지, 그것을 통해서 무엇을 알려

○○의 작품. 영화 「화려한 휴가」 속의 한 장면–도청 앞에서 계엄군의 총을 맞은 아버지와 오열하는 아들의 모습(왼쪽)과 학생들 작품.

주고 싶은지 이야기를 해보고 판화로 표현해봅시다.

아이들이 어려워했다. 영화, 만화, 웹툰, 5·18 재단의 자료실 등 어떤 것이든 상관이 없다고 했다. 다음 날 아이들이 각자 준비해 온 사진과 그림 자료를 가지고 판화 작업을 시작했다. 5·18 민주화 운동을 검색하면 흔히 볼 수 있는 이미지에서부터, 웹툰과 영화 속의 한 장면 등 아이들 나름의 생각이 담겨 있는 그림과 사진 자료들을 볼 수 있었다. 아이들의 손이 느려 만드는 과정이 쉽지는 않았다. 미술 시간과 창의적 체험활동 시간을 활용했기 때문에 총 제작 기간은 2주 정도 걸렸다. 나의 역할은 아이들 사이를 돌아다니며 그들의 생각을 들어보는 것이었다.

작품을 만들며 힘들거나 어려운 점은 무엇이냐고 물어보았다.

"풀이 잘 안 붙어요."

"글씨 파기가 힘들어요."

대부분의 아이들 응답이었다. 5학년 아이들에게 종이판화가 쉬운 작업은 아니었다. 그러던 중, ○○의 응답을 통해 '최소한 우리 반에서 한 명 이상은 작품을 만들며 그 당시의 아픔을 공감하려고 노력했구나.' 하는 한 줄기 희망을 볼 수 있었다. 계엄군의 총에 맞고 쓰러진 아버지와 그 옆에 울고 있는 아들을 표현했던 ○○는 이렇게 대답했다.

"5·18 때 총에 맞아 돌아가신 아버지를 보며 슬퍼하는 아이의 그 아픈 마음을 판화로는 다 표현할 수가 없어서 힘들었어요."

작품을 만들며 많은 생각을 했구나. 기특했다. ○○뿐만 아니라 다른 아이들도 한마디씩 거들었다. "화가 나요." "짜증 났어요." "슬퍼요." 아이들의 응답을 들으며 애초의 기대 이상으로 이 아이들이 '5·18이라는 사건을 이해하고 공감하려고 나름의 노력을 했구나.' 하는 한 줄기 희망이 보였다. 첫 시작치고는 괜찮았다. 그런데 대부분의 감정이 '비극'에 머물러 있었다. '비극적 사건'임을 인식하고 공감하는 것을 넘어 그 이상의 것을 알고 행동할 수 있게 하는 힘이 필요했다. 내가 내어준 과제를 아이들이 한 가지씩 해결할 때마다 나에겐 새로운 과제가 주어졌다.

광주광역시청 주관으로 '제1회 인권 작품 공모전'을 개최한다는 공문을 받았다. 모집 분야는 표어, 포스터, UCC. 왜 그랬는지는 모르겠지만 그 당시 'UCC를 한번 찍어보고 싶다.'는 생각을 했다. 결국 '그냥, 한번, 아이들과 해보고 싶어서' 공모전에 도전을 하였다. 그리고 다음 날 아이들에게 공모전 포스터를 보여주며 이미 '예스Yes'로 결정된 제안을 했다.

"우리 인권 UCC 공모전에 나가볼래?"

"우와.", "좋아요!", "상금 얼마예요?", "상금 받으면 파티해요."

우리 아이들은 참 긍정적이다. 한마디 말만 던졌는데 벌써 1등이라도 한 듯했다.

'인권'을 큰 틀로 어떤 이야기를 다루어야 좋을지 토의를 했다. 대부분의 아이들이 '학교 폭력'에 대한 이야기를 담았으면 좋겠다고 했다. UCC의 시나리오가 필요했다. 아이들의 관심과 참여를 높이기 위해 동아리 내에서 'UCC 시나리오 공모전'을 열었다. 12명의 아이들이 나름의 머리를 굴려가며 만들어 온 시나리오를 제출했다. 그런데 모두가 짜기라도 한 듯 비슷한 내용이었다.

'교실에서 따돌림을 당하는 피해자. 괴롭히는 다수. 힘들어하는 피해자. 결국 편지를 남기고 극단적인 선택을 하는 피해자.'

시나리오 속에 연출된 장면도 비슷했다.

'한 명을 가운데 두고 여럿이 둘러싸며 폭행.'

아이들이 써 온 시나리오를 읽으며 많은 생각이 들었다. 물론 이런 일들이 현실에서 없는 것은 아니지만-실제로 학교 폭력에 의한 자살이나 더 심한 사건 사고도 많지만-이 또한 아이들이 '학교 폭력'에 대해 가진 고정관념일지도 모른다. 사실 초등학교에서는 학교 폭력에 의해 자살에까지 이르는 사례는 아주 드물다. '학교 폭력'에 대해 아이들이 갖고 있는 이미지가 바로 이런 극단적인 사례들이기 때문에, 일상생활에서의 작은 놀림이나 장난이 누군가에게는 폭력이고 인권 침해가 될 수 있다는 것을 느끼지 못하고 지나치게 되는 것이라는 생각이 들었다.

"TV에서 본 것 말고, 너희들이 직접 겪은 이야기를 해봐라."

그리고 학교 안에서 아이들이 공통적으로 경험해본 '폭력'[6]에는 무엇이 있는지 알아보았다. 답은 쉽게 찾을 수 있었다. 아이들이 함께 입을 모아 대답한 그것은 '언어폭력-욕, 놀리는 말, 나의 기분을 나쁘게 하는 말'이었다. 우리 학급에서 같은 반 친구를 자살까지 몰고 가는 정도의 학교 폭력은 없었다. 하지만, '세 치 혀' 안에서는 모든 아이들이 가해자이자 피해자의 경험을 한 번씩은 가지고 있었다. 아이들의 일상에 가려 잘 보이지 않던 학교 폭력이며 인권 침해였다. 이즈음해서 이솝우화-장난으로 던진 돌에 생명의 위험을 느끼는 개구리 이야기-를 들려주었다. 그다음으로는 친구를 비롯한 타인으로부

6 아이들이 '폭력' 하면 떠올리는 신체적 구타와 더불어 장난, 별명 부르기, 욕설, 사회적 배제, 헛소문, 뒷이야기 등 직접적인 폭력과 간접적인 폭력을 모두 통틀어 '폭력'에 대한 정의를 다시 해주었다.

우리의 UCC '개구리 이야기'

터 상처가 되는 말을 들어본 경험에 대해 이야기를 나누었다.

"재수 없어. 돼지. 더러워. 거지. 바이러스. 꺼져……."

쌍시옷으로 시작하는 과격한 욕은 없었지만, 아이들이 평소 거리낌 없이 친구와 주고받는 말들이 많이 나왔다. 모두 칠판에 적었다. 칠판의 글을 보며 '언젠가 내가 친구에게 했던 말' 또는 '평소에 자주 사용했던 말'이라는 것을 본인이 더 잘 알 것이기에, 그 이후 많은 말을 하진 않았다. 'UCC를 찍어 공모전에 출품하는 것'을 목적으로 시작했지만, 이 과정에서 아이들이 작은 것이나마 한 가지라도 느낄 수 있게 해주고 싶었다. 그렇게 우리의 UCC '개구리 이야기'는 시작되었다.

UCC에 출연할 배우를 정했다. 피해자 역할을 하기로 한 학생들의 동의를 얻어 그들이 상처를 받았던 말을 그대로 사용하기로 했다. 가해자 역할은 지원자가 많아서 학급 내 오디션을 통해 뽑았다. 나머지 아이들은 소품을 만들고 그림을 그리는 스태프 역할을 기꺼이 했다. '컷 아웃 애니메이션' 기법을 사용하여 공들여 촬영하고 편집을 했다. 그리고 공모전 마감일에 겨우 맞추어 제출할 수 있었다.

'파랑새'의 첫 시사회. 나는 우리 반 아이들이 이렇게 집중해서 TV를 보는 모습을 그때 처음 봤다. 그리고 "우와." 하는 감탄이 들렸다. 4분 남짓한 영상이 끝나고 아이들이 박수를 쳤다. 한 번 더 보자고 해서 또 틀어주었다. 그렇게 세 번을 봤다. 아이들 반응이 이랬다는 것은, 편집 기술이 뛰어나고 '잘' 만들었다는 이야기를 하고자 함이 아니다. 아이들의 진솔한 이야기가 담고 있는 감동이자, 본인들의 경험이 녹아 있는 공감의 힘이었다고 본다. 우리의 첫 시사회를 마치고 아이들의 감상평을 들어보았다.

"앞으로는 친구를 놀리지 않겠습니다."

"장난으로 한 말이 친구에게 상처가 될 수 있다는 것을 알았습니다."

무슨 도덕 시험에나 적을 법한 모범 답안이 나온다. 그리고 내일이면 '언제 그랬느냐'는 듯 별다를 게 없는 모습으로 똑같은 생활을 할 것이라는 것도 알고 있다. 한 편의 UCC를 보았다고 해서 오늘까지 욕을 하던 아이가 갑자기 내일부터 모범 어린이가 될 것이란 기대를 하진 않는다. '티끌만큼이라도 진심으로 느껴지는 게 있었으면 됐다.' 더 이상 욕심을 부리지 않았다.

하지만 그날 이후, 우리 반에서 덩치가 제일 커서 남자아이들에게 매일 '형님'이라고 놀림을 받던 L은 더 이상 '형님' 소리를 듣지 않게 되었다. 그 어느 누구도 B에게 키가 작다는 말을 하지 않았다. I에게 목소리가 작아서 존재감이 없다는 말도 하지 않았다.[7] 함께 UCC를 만들고, 감상한 것이 전부였다. 굳이 말을 붙이지 않아도 아이들은 UCC 속의 피해자로 나오는 내 친구의 모습을 보며 모두 같은 마음을 느끼고 있었던 것이다. 그렇게 3주의 시간이 흐르고, 한 통의 전화를 받았다.

"민주인권 동아리 '파랑새'의 UCC가 인권 작품 공모전 아동청소년

7 L, B, I. 이 학생들은 UCC에서 피해자 역할을 했다.

분야에서 최우수상에 선정되었습니다. 축하드려요."

"선생님이 미안해"

학교의 일은 그대로 참여하면서 민주인권 동아리 활동을 병행하기란 여간 어려운 일이 아니다. 그래도 그 사이 '파랑새'라는 이름으로 꽤나 많은 일들을 했고, 멋진 작품들을 만들었다. 제자리를 빙빙 도는 것 같았지만, 아이들과 나는 조금씩 함께 앞으로 움직이고 있었다. 그러한 일상의 날을 보내던 중 '학년 단위의 체육대회'와 '독서 골든 벨' 행사는 우리들에게, 아니 정확히는 나에게 반성의 시간을 만들어주었다. 1년간 한 반을 맡게 되면 미우나 고우나 그 반은 '내 자식'인 양 바라볼 수밖에 없는 담임의 숙명이랄까.

나는 승부욕이 강한 사람이 아니다. 시험 기간에도 1등에 연연하면서 아이들을 혹독하게 '굴린' 적은 없었다. 체육대회를 앞두고 다른 반이 피구와 축구 연습을 하며 열을 올릴 때, 우리 반은 '그냥 즐기자!' 주의였다. 내가 이렇다 보니 아이들도 그랬다.

'꼭 이길 필요 뭐 있냐. 일등이건 꼴등이건 선물은 다 준다더라. 괜히 승부욕 때문에 다른 반이랑 시비 붙어서 싸우지나 말자.'

그 덕분에 5학년 총 4학급이 리그전으로 축구와 피구를 하며 경합을 벌였던 하루의 이벤트에서 우리 반은 단 1승도 없는 '전패'의 기록을 세웠다. 밖에서 친구와 싸우지 말고 배려하라고 가르쳤는데, 정작 내 아이가 맞고 오면 욱할 수밖에 없는 엄마의 마음이랄까. 비유가 좀 이상하지만 그땐 그랬다. 승패를 떠나 반칙도 몸싸움도 못하는 '착함'이 '바보 같음'으로 보였다. 그렇다고 "너희는 왜 그것밖에 못하니."라고 해버리면 난 정말 나쁜 선생님이 되어버릴 것 같아서 딱 한 마디만 했다. "자~알 했다."

그날 이후 5학년 전체 학생이 모여 '독서 골든 벨' 행사를 했다. 체육대회의 아픔을 만회하자며 아이들이 열심히 책을 읽으며 나름의 준비를 하는 것처럼 보였다. 그 모습을 보며 내심 기대를 했다. 하지만 결과는 내 기대를 비웃었을 것이다. 각 반에서 적어도 두세 명씩은 최후의 10인 안에 들어 마지막 승자를 겨룰 때, 우리 반은 그 이전에 전원 탈락의 기록을 세웠다. '골든 벨'을 울리기 위한 최후의 3인이 남고, 다른 반 아이들이 그 반의 대표 주자를 응원하고 있을 때, 전원 탈락한 우리 반 아이들은 전혀 관심 없다는 듯 뒷줄에서 떠들며 놀고 있었다. 그 모습을 보다가 순간적으로 화가 났다.

'아니 최소한 반성하는 모습이라도 보여줘야 하는 거 아냐!'

행사가 끝나고 교실에 모였다. 나는 무표정으로 서 있었다. 냉랭해진 분위기에 아이들이 고개를 숙였다. 웃음기 없는 얼굴로 아이들에게 질문을 했다.

"선생님이 화가 난 이유가 뭘까?"

아이들이 아무런 대답을 하지 않았다. 그런 분위기에서 선생님의 얼굴을 보며 대답을 하라는 것 자체가 고문이었을 것이다. 말로 하기 힘들면 적어보라고 했다. 아이들이 종이를 받자마자 적기 시작했다.

돌아다니며 아이들이 뭐라고 쓰는지 보았다.

선생님, 저희가 체육대회랑 독서 골든 벨에서 1등을 못해서 죄송해요.

최선을 다해서 잘하고 싶었는데, 실망시켜 드려서 죄송해요.

선생님, 1등 못해서 죄송해요. 저희가 선생님을 실망시켜 드렸어요.

교실을 한 바퀴 도는데 모든 아이들이 이런 내용으로 글을 적고 있었다. 그때서야 '아차!' 싶었다. 커다란 쇠망치가 내 머리를 때리는 것 같았다. 정신이 확 들었다.

'도대체 내가 뭘 하고 있는 거지.'

글 쓰는 것을 멈추고 종이를 제출하라고 했다.

"다 못 썼는데요."

아이들이 시무룩한 표정으로 종이를 제출하고 모두 자리에 앉았다. 그리고 나는 아이들에게 사과를 했다.

"얘들아. 선생님이 미안해."

진심을 담아 용서를 구하고, 나의 잘못된 생각을 전부 고백했다. 아이들에게 머리 숙임이 창피하기는커녕 오히려 마음이 편해졌다.

"아니에요, 선생님. 저희가 최선을 다하지 않아서 그래요."

"괜찮아요. 선생님 우리 반은 미술을 더 잘하잖아요!"

"우리 반은 다른 반에 비해서 덜 싸우잖아요."

이 순간만큼은 12살 우리 아이들이 나보다 더 큰 어른 같았다.

하루의 짧은 에피소드였지만, 나에겐 꽤나 충격적인 사건이었다. '인권' 수업을 한다고 1년 가까이 아이들을 이끌어오면서 이런 실수를 했다. 아이들 개개인의 인권을 존중해야 한다고 늘 다짐했었다. 한 모둠에서 뒤처지는 친구를 절대 나무라지 말라고 가르쳤다. 같은 반 친구가 나와 '다른' 것이지 '틀린' 것이 아니라고 강조했었다. 그런데 정작 내가 그러지 못했다. 그 어느 때보다 아이들에게 많이 미안하고 부끄러웠다. 인권 교육을 한다고는 했지만, 오로지 가르치는 입장에서의 나와, 배우는 입장에서의 아이들만 보고 있었다. 교사와 학생이 함께 성장하며 배운다는 말이 어떤 의미인지 새삼 알 것 같았다.

스스로에 대한 반성이자, 더 나아가 우리 아이들도 이와 같은 실수를 하지 않도록 하겠다는 마음에 '다양성과 차이'를 주제로 수업을 계획했다. 국가인권위원회의 인권 포스터를 활용하여 그 속에 담긴 의미를 이해하고 그와 관련된 이야기들을 나누었다. 이론 수업은 짧게 하고, 배운 내용을 바탕으로 작품 만들기를 시작했다. 칠판에 '사람'이라고 적었다. 아이들에게 떠오르는 단어를 모두 이야기해보라고 하고 받아 적었다. 다양한 응답이 나왔다.

남자, 여자, 노인, 젊은이, 흑인, 백인, 황인, 외국인, 장애인, 대머리, 눈이 큰 사람, 눈이 작은 사람, 광대뼈가 튀어나온 사람, 얼굴이 긴 사람, 쌍꺼풀이 있는 사람, 외꺼풀인 사람, 주먹코, 주름이 많은 사람, 흰머리, 공부 잘하는 사람, 공부 못하는 사람, 체육을 잘하는 사람, 안경 낀 사람…….

"여기 적힌 내용들을 보며 뭐 느껴지는 거 없니?"

앞 시간 '다양성과 차이'에 대한 이론 수업을 했던 눈치로 아이들이 대답을 곧잘 했다.

"세상에는 다양한 사람들이 있다는 거요."

"사람들을 차별하면 안 된다는 거요."

딱 거기까지만 듣고 지점토를 나누어 주었다.

"뭐든 좋으니까 너희들 마음대로 '사람' 한번 만들어봐."

이번 수업에서는 돌아다니며 아이들에게 "이건 뭐니, 왜 이렇게 했니?" 등의 질문을 하지 않았다. 답은 이미 나왔고, 마지막에 아이들이 느낀 점만 들어보기로 했다.

개인당 4~5명 정도의 사람 얼굴을 만들었다. 표현 방법이나 모양 등 어떤 것에도 제약을 두지 않았다. 아이들은 한 개씩 완성을 할 때마다 앞으로 가지고 나왔다. 내 역할은 커다란 철 그물망에 아이들의 작품을 매달아주는 것뿐이었다. 텅 비어 있던 철 그물망이 다양한 사람들의 얼굴로 가득해질 즈음 아이들이 한두 명씩 나와서 구경을 했다.

"이거 내가 만든 거다."

"야, 이거 봐봐!"

서로 자신들이 만든 작품과 친구들이 만든 작품을 찾아보며 즐거워했다.

한 아이가 그랬다.

"선생님~ 진짜 신기한 게 우리 반 애들이 만든 거 보면 똑같은 게

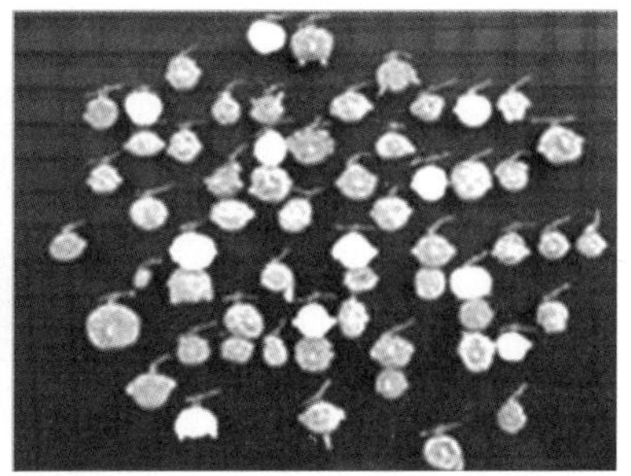

'모두 같은 사람입니다.'

하나도 없어요. 다 달라요."

그 옆에 있던 아이는 이랬다.

"저 혼자 만들 땐 뭔가 '허접'했는데, 친구들 것을 다 모아서 이렇게 보니까 뭔가 멋있네요."

개개의 작품을 모두 매달아놓고 전체 작품의 이름도 붙였다.

'모두 같은 사람입니다.'

나와 생각이 다른 친구들의 작품이 모이고 어우러져 커다란 하나의 작품이 되듯이, 우리가 사는 세상도 다양한 많은 사람들이 모여 이루어진다는 것을 굳이 말로 설명하지 않았다. 그리고 이 작품을 통해 나도 우리 아이들을 다시 바라볼 수 있게 되었다.

"역시 우리 반 멋있다."

아이들에게 칭찬을 해주는 것도 잊지 않았다.

더 생각해볼 것들

인권 첫술

'파랑새'를 꾸려 미술을 통해 인권을 알아보자는 야심 찬 목표를 세워놓고 1년을 보냈다. 앞서 언급한 것 이외에도 좋은 작품들이 많이 나왔고, 그 속에서 아이들과 더불어 나도 함께 배울 수 있었다.

그럼에도 불구하고, "미술을 통한 인권 수업이 얼마만큼이나 효과가 있었습니까?" 하고 누군가 묻는다면 사실 "잘 모르겠다."라고 대답을 하게 될 것 같다. "아이들의 인권 감수성이 신장되었고, 인권 의식이 높아졌습니다."라고 굳이 말을 붙이자면 그럴 수는 있다. 하지만 애초에 '인권 교육을 통해 아이들을 변화시킬 수 있을 것이다.'라는 자신감을 갖고 시작한 일은 아니었다. 그렇다고 해서 '아무것도 하지 않은 것과 똑같다.'는 말은 아니다.

첫술에 배부르랴. 초등학교에서 인권 교육이란 바로 이 '첫술'이 아닐까 싶다. 나는 그저 씨를 뿌리는 사람이었다. 우리가 1년 동안 함께 하며 배우고 느꼈던 모든 것이 한 알의 씨앗이다. 씨앗에서 싹이 트고 크게 자라서 열매를 맺는 것은 그 이후의 일이다.

나를 떠나서 이 아이들이 만나게 될 다른 선생님과 그들이 겪게 될 환경 속에서의 문제이다. 갑자기 "무책임한 소리 같다."고 되물을 수 있겠다. 하지만 현실이 그렇다. 우리는 발도로프처럼 한 교사가 8년 동안 담임을 맡아 지속적으로 아이들을 지도할 수 있는 형편이 되지 못한다. 발도로프의 담임제가 이상적이라는 이야기를 하려는 것은 아니다. 교육의 효과에 대해 논의할 때 1년이란 시간은 짧으며, 감히 이러이러한 효과가 있었다면서 성형외과의 'before, after'처럼 어떤 드라마틱한 이야기를 들려주며 단언하기엔 나의 경험이 부족하다. 그리고 내가 계획하고 꾸려온 이 과정 속에서 모든 아이들이 똑같이 느끼고 공감하길 바라는 것은 내 욕심이다. 이후의 삶에서 새롭게 만나는 사람들을 통해 어떻게 풀어낼 것인지는 아이들의 몫이며 모든 선생님들이 공동으로 져야 할 책임이다. 내년에 만날 새로운 아이들도 이미 그전에 씨앗을 뿌려놓은 또 다른 선생님이 있을지 모른다. 그렇다면 나는 그 씨앗에서 좋은 싹이 나올 수 있도록 도움을 주는 사람의 역할을 하면 되는 것이다.

교사는 소신대로, 본인이 중요하게 생각하는 것을 아이들에게 전달할 수밖에 없다. 어떤 교사가 평소에 '인권'이라는 것에 별 감흥이 없거나 「학생인권조례」라는 것은 교권을 침해하는 '괘씸한 발상'이라고 생각하고 있다고 치자. 그러면 그 교사는 학생들에게 제대로 된 인권 교육을 할 수 없을뿐더러 하지도 않을 것이다. 인권 교육의 시작은 사회나 학생의 요구가 동기가 될 수도 있겠지만, 결국은 교사가 '인권'에 대해 얼마만큼의 관심이 있느냐에 따라 달라진다. 전국에 '인권 교육'에 관심을 갖고 있는 선생님들이 얼마나 많은지는 잘 모르겠다.

다시 말하지만 이 글은 인권 교육을 '이러이러하게 해보세요.' 하는 지침서가 아니었다. 전체 내용에서 알 수 있듯이 나는 이제 겨우 '인권 교육'의 첫걸음을 시작한, 부족한 점이 더 많은 선생님이다. 인권 교육의 영역이나 다루어야 하는 내용의 범위가 어디까지인지도 사실 잘 모르겠다. 확실한 것 한 가지는 나는 인권 수업에서 '인권'이라는 용어를 사전식으로 정의하여 가르치고 싶지는 않았다. '사랑'이라는 단어를 떠올릴 때 '아끼고 위하여 정성과 힘을 다하는 마음'이라고 사전에 기술된 대로 생각하는 사람은 없을 것이다. '사랑'은 그냥 '사랑'이다. 그 단어를 떠올릴 때 처음으로 느껴지는 따뜻한 감정이 각자 느끼는 '사랑'의 모습이다. '인권'도 그래야 한다고 생각했다. 학문적 접근이 아니라 마음에서 우러나와 느끼는 감정으로 인권 교육이 되어야 한다. 아이들이 그런 마음을 가질 수 있도록 돕는 것이 나의 역할이었다. 그리고 그 방법으로서 '미술'을 선택했다. 아이들과 내가 '함께' 인권 수업을 즐겁게 풀어갈 수 있는 최선의 방법이었다.

어떤 형태이든, 어떤 내용이든 좋으니 교사 본인이 가장 잘할 수 있는 분야에서 '인권 교육'을 시도해보려는 노력이 많아졌으면 좋겠다. '인권 교육'은 열정적인 교사 한 명의 노력으로 완성될 수 있는 것이 아니다. 초등 6년, 중등 6년을 거치는 동안 한 아이가 12명의 새로운 선생님을 통해 '인권'에 대해 보고 듣고 느끼는 '지속성'이 중요하다.

당연했던 것을 비틀어 보기

인권 교육을 하면서 그동안 우리 학급, 학교 내에서 학생들의 인권이 얼마나 제대로 지켜지지 못했는지를 발견할 수 있었다. 해방 이후 일제식 교육의 면면이 그대로 이어져온 것이 가장 큰 이유이며, 나를 비롯한 대부분의 선생님이 '학생들을 지도한다'는 명분으로 무비판적으로 그 교육을 답습하고 있다는 것이 두 번째 이유일 것이다. 그리고 앞서 언급했지만 초등에서는 아이들이 어리다는 이유로 가해지는 제약이 더 많다. 다음의 몇 가지 사례는 '학생 인권'의 측면에서 좀 더 생각해볼 문제이다.

학예회와 운동회

누구나 초등학교 시절에 마을 잔치처럼 열렸던 운동회나 학예회에 대한 추억이 하나쯤은 있을 것이다. 그렇듯 '추억'으로 미화되어 아름답게 포장된 대규모의 학교 행사에 대해 한번쯤은 생각해볼 필요가 있다. 다행히도 요즘은 융통성 있게 소규모로 추진하는 학교가 많아지는 추세라고 한다. 하지만 여전히 '이렇게까지 해야 하나.' 싶을 정도로 과열되어 '보여주기' 식 행사로 진행되는 초등학교가 많다. 학년 전체가 공연이라도 할라치면 그 담당 선생님과 학생들은 약 한 달 동안 몸살을 앓아가며 준비를 해야 한다. 제식훈련은 기본이다. 학생도 힘들지만 담당 선생님도 힘들다. 운동 종목이나 학예회 공연에 올릴 작품도 '없어 보이는 것'은 안 된다. 이쯤 되면 이것이 누구를 위한 행사인지 싶어진다.

조용하기를 바라는 급식실

밥상머리 교육이라는 명목으로 급식 시간이 되면 아이들은 선생님이 지정해주는 자리에 앉아서 조용히 밥을 먹어야 한다. 광주의 어떤 초등학교에서는 이런 장면도 연출된다. 배식대의 제일 마지막 라인엔 교장선생님이 서 있다. 아이들은 반찬과 밥, 국을 받고 돌아서서 교장

선생님께 인사를 드리고 자리에 앉는다. 아이들뿐만이 아니라 교사도 마찬가지이다. 이게 끝이 아니다. 담임교사가 자리에 앉아 숟가락을 들기 전까지 아이들은 식판을 앞에 두고 손 무릎 자세로 기다려야 한다. 이런 것이 밥상머리 교육인지, 제대로 된 급식 지도인지 또는 권위주의의 한 측면인지 생각해볼 일이다. 조용히 밥을 먹으라며 클래식을 틀어주기도 한다. 대학 다닐 때 학생 식당을 생각해보자. 조용한 분위기에서 밥을 먹는 학생을 본 적이 있나? 점심시간은 친목의 시간이다. 어른들에게도 그렇지만 아이들에게도 그렇다. 밥을 다 먹고 나면 급식 당번인 친구에게 가서 식판을 보여준다. 급식 당번은 반 친구들이 반찬을 남겼는지 깨끗이 먹었는지 종이에 체크를 한다. 우리 아이들은 밥도 편히 못 먹는다.

각종 상벌점 제도, 학급 규칙

교사의 가장 큰 딜레마다. 상점과 벌점을 어떻게 써야 효율적인 학급 운영이 될까, 아이들에게 교육적이면서도 아이들의 인권을 침해하지 않을까. 상점과 벌점이 나쁘다는 것이 아니라, 그것이 운영되는 과정에서 얼마나 민주적인 절차를 거치느냐가 문제이다. 이 부분에선 나도 많이 부끄럽다. 그저 "너희들을 위한 거야. 우리 반을 위한 거야."라며 이미 내가 정해놓은 틀에 아이들을 맞추려고 했다.

앞서 이야기한 몇 가지 사례를 통해 초등 교육 현장에 대해 무조건적으로 비판하려는 의도는 없었음을 밝힌다. 결국은 누워서 침 뱉기이다. 그리고 많은 학교에서 권위주의를 버리고 아이들의 목소리를 듣고자 노력하는 관리자나 교사가 많아지고 있다는 것도 역시 사실이다. "경력도 얼마 안 됐으면서 뭘 얼마나 안다고 그래."라고 할 수도 있다. 굳이 방어를 하자면 초등 교육에서 그동안 '당연'하게 답습했던 것들에 대해 한번쯤은 비틀어 볼 필요가 있지 않겠느냐는 것이다. 고기도 먹어본 사람이 더 잘 먹는다고 한다. 인권과 민주주의도 평소에 그 사람이 삶 속에서 얼마나 향유하고 배우고 있느냐에 따라 달라진다. 선생님들은 우리 아이들이 민주시민으로 성장하기를 바란다. 그렇다면 정작 아이들이 몸담고 있는 교육 현장이 얼마나 민주적이며 인권 친화적인지 교육자 입장에서 스스로 돌아볼 필요가 있다. 그리고 그 성찰의 과정을 나도 겪는 중이라고 밝히고 싶다. 반성할 것이 많다.

누군가는 그런다. 국, 영, 수, 과, 사, 이 다섯 가지 과목의 점수만으로 아이들을 줄 세우기 시작하는 것부터가 학교에서 하는 아이들의 '인권 침해'라고. 결국은 전체 시스템의 문제다. 그러나 그 영역까지 다루기엔 나의 역량이 아직은 너무나 부족하다. 많은 선생님들이 함께 문제의식을 갖고 고민하여 풀어야 한다.

사람이 우선인 세상을 위한 교육

첫걸음을 떼며 오늘에 이르기까지 나에게 주어진 과제가 많다. 내 나름대로 인권 교육을 하며 겪었던 어려움과 더 깊이 생각해봐야 할 부분이 아직도 미해결 과제로 남아 있다. 그리고 답을 찾는 중이다. 그중에서 한 가지 확실한 것은 '한번 해봤다.'가 아니라 '계속할 것이다.'라는 다짐이다. 아직 많이 어설퍼도 '인권 교육'이다. 좋은 집이나 자동차가 아니라, 사람이 우선이기에 인권 교육이다. 비정규직이냐 정규직이냐, 연봉이 얼마냐, 어느 대학을 나왔느냐에 따라 사람의 가치가 달라지는 비상식적인 세상을 제대로 된 모습으로 바꾸어야 할 필요가 있기 때문에 인권 교육이다.

언젠가는 나도 내공이 쌓여 "초등 인권 교육 이렇게 한번 해보세요." 하고 후배 교사에게 나만의 노하우를 알려주는 날이 오지 않을까 내심 희망을 가져본다. 지금의 '어설픔'이 그때에는 풋풋한 추억으로 남을 것이다.

인권의 첫술은 배부르지 않다. 하지만 그래도 좋다. '인권'에 대해 이야기하고 함께 고민할 수 있는 '배부르지 않은' 많은 선생님들과 그리고 나처럼 '어설픈' 선생님들이 더 많아졌으면 좋겠다.

02

독서 교육

‘자각’이 ‘실천’으로 이어지는 행복한 책읽기

김태은

나는 아이들이 총명하고 당당한
사회 구성원이 되기를 바란다.
잘 읽고, 깊이 생각하고, 스스로 판단해서,
옳게 실천하는 사람이 되었으면 좋겠다.
이를 가능하게 하는 가장 좋은 방법은
다시 생각해도 ‘독서’다.

왜 독서 교육인가

"왜 독서였습니까?"

현장에서 독서 교육을 하는 이들을 만날 때마다 물었다. 동시에 자문이기도 했다.

독서를 부정적으로 생각하는 이는 거의 없는 듯하다. 책을 잘 읽지 않는 아이들도 '책을 읽어야 한다고 생각합니까?'라는 설문에는 '그렇다'에 표시한다. 그러나 독서량을 물으면 당위적인 생각과는 반대로 답이 나오는 경우가 많다. 이와 달리 '영화를 봐야 합니까?'라고 물으면 독서만큼 '그렇다'는 답이 나오지 않는다. 그런데 '영화를 얼마나 자주 봅니까?'라고 물으면 영화관에 가는 것만 해도 '한 달에 한 번 이상'이 꽤 나온다.

왜 독서 교육을 수업의 바탕으로 삼았는지는 여기에서 출발했다. 책과 영화의 비교로 '독서'의 특질에 접근해보자. 책은 글자만 있고

다 없다. 영화는 글자 빼고 다 있다. 영화의 경우 '본다'고 하지만 사실상 '봄'을 당하는 것에 가깝다. 영화를 보는 행위는 수동태다. 반면 책을 읽는 행위는 능동적이어야 하고, 그럴 수밖에 없다. 글자를 매개로 글자 이외의 나머지를 두뇌 속에서 끊임없이 재구성하는 과정이 독서이다. 영화를 본다고 해서 영화가 지니고 있지 않은 '글자'를 두뇌 속에서 재구성하는 것은 아니다. 그러지 않아도 영화를 보는 데는 지장이 없다. 반면에 책은 읽는 이를 능동적, 주도적으로 만든다. 글씨 이외의 나머지 모든 것을 두뇌 속에서 재구성해야 하기 때문에 독서가 선물하는 '자각'은 어느 매체보다 더 깊고 크다. 책과 영화 둘 중 무엇이 우월하다고 말할 수는 없다. 사람에게는 둘 다 필요하다.

다만 나는 책을 택했다. 스스로 깨닫기, 곧 '자각'이 교육의 본령이라고 보아서다. 대부분이 인정하는 독서의 당위가 행위로 전환되지 않는 것은 두려움 때문이다. 쉽게 말해서 읽어도 무슨 말인지 모르는 경험이 독서에 대한 두려움을 낳았고 심하게는 지금의 아이들처럼 거부감으로 표출된다고 생각한다.

읽기에 대한 두려움을 떨쳐내기 위해서는 특별한 훈련 과정이 필요하다. 그래서 읽기 지도, 독서 지도, 리터러시 지도라는 이름으로 읽기 교육이 이뤄진다. 나의 독서 교육은 바로 '자각'을 이끌어내는 것이 큰 줄기가 되었다. 두려움에 대한 자각이 읽기 행위를 불러올 것이고, 읽은 후의 자각이 실천이라는 행위를 낳을 것이라고 여겼다. 그렇게 해서 2010년부터 지금까지 독서를 바탕으로 한 프로젝트 수업[1]을 꾸렸다.

2010년 〈생산적 책읽기-독서 방법 찾기〉, 〈세계 빈곤〉, 2011년 〈짓밟힌 인권-일본군 '위안부'〉, 〈노동-세상에서 가장 아름다운 단어〉, 2012년 〈눈부신 광주-5·18 민주화 운동〉, 〈광산구 스토리텔링-소설 쓰기〉, 2013년 〈도서관을 디자인하다〉, 〈젊은 그대 광산〉, 〈책놀이〉 등 8개의 프로젝트 수업을 구성하고 아이들과 함께 읽고 공부했다.[2]

해마다 한두 가지 새로운 프로젝트를 구상했고, 맡은 학년의 수준에 따라 기존의 프로젝트를 재구성하거나 시의성에 맞는 수업을 새로 만들어서 진행했다. 웃고 까불고 떠들면서 뒹굴었던 4년 동안 프로젝트는 꾸준히 변화했다. 보태거나 빼는 일이 다반사였고, 주제나 목적에 따라 추구한 깊이, 욕심낸 넓이가 달랐다. 독서 중심의 프로젝트는 독서 그 자체이면서 동시에 최적의 수업을 찾아가는 여행이었던 셈이다. 이어지는 글은 프로젝트 진행 과정의 좌충우돌을 정리한 것이다. 주제에 따라 갈무리한 탓에 수업 진행상의 시간들이 뒤섞인 것들이 있다.

1 2010년부터 진행한 수업은 엄밀히 말하면 '프로젝트' 수업으로 보기 어렵다. 문제 해결 능력에 중점을 둔 것이라기보다 하나의 주제를 여러 권의 책을 통해 공부하는 수업으로 기획부터 과정까지 교사 주도로 이뤄진 것들이 많기 때문이다. 프로젝트라는 명칭보다 장기 '기획 수업'이라는 말이 더 적절하지만 지금까지 통용되는 용어인 프로젝트로 명명하기로 한다.

2 아이들이 살고 있는 곳이 광주광역시 광산구이다. 마지막 〈책놀이〉는 주제 집중형 수업이 아니다. 아이들이 수업 시간 책과 더불어 놀 수 있는 방법을 연구해서 단행본 서적과 교과서 본문에 적용한 것으로 그 내용은 이 책에서 소개하지 않는다.

프로젝트 1

도서관을 디자인하다

북유럽과 순천이 터준 길

도서관 자체를 수업의 주제로 삼은 것에는 몇 가지 경험이 녹아 있다. 2010년 처음으로 독서 교육을 화두로 잡았을 때 적지 않은 시간 동안 독서 교육 방법을 찾았으나 마음에 와 닿는 것이 없었다. 모델을 만들지 못한다면 따라 하면 된다. '따라 하기' 대상을 찾았다. 핀란드 교육이 우리나라 교육의 대안인 양 갖가지 책들이 교사들의 서가를 장식할 때 겨울옷 몇 벌을 가방에 넣고 북유럽으로 날아갔다.

> 핀란드 야르벤빠 고등학교 사서는 "학교 도서관은 많은 책을 가질 필요가 없지요. 아이들이 수업 시간에 배운 내용과 관련된 책을 찾을 때 그 책이 없다면, 지역 도서관에 문의를 하고 아이들에게 필요한 책이 어디 있는지 알려주는 것이 저의 주된 일이죠."라고 했다. 스웨덴의 스톡홀름 대학 학부 2학년에게 주어진 과제는 '독해력이 낮은 학생들에게 어떻게 수업 시간 독서 지도를 하겠는가? 그 방법을 구체적으로 적어서 제출할 것'이었다. 30페이지 이상의 소논문 형식을 요구한다.

한 번도 생각해본 적이 없었다. 도서관과 수업, 사서와 교과목 교사의 협력, 지역사회에서 도서관의 역할이 어떠해야 하는지 상상해본 적이 없었다. 책은 사서 보는 것이라 여겼고 그게 가능한 나는 학생들이 도서관에서 무엇을 요구하는지, 해야 하는지를 고민하지 않았다.

고등학교에서, 재구성되거나 발췌된 몇 단락의 글로 문제 풀이만 해왔기에 수업을 힘들어하는 아이는 그저 독해력이 없는 탓이라고만 여겼다. 그 학생을 위해 내가 한 일은 독해력을 길러주는 게 아니었다. 단지 문제 풀이의 기술을 전수할 뿐이었다. 교사가 된 지 십 년이 가까운 시간에 이르러서야 독서 교육이라는 화두를 잡고 씨름했다. 그런데 스웨덴은 학부 2학년부터 이를 연습시켰고, 구체적인 실천 방안까지 찾게 하고 있었다. 부러웠다. 그리고 부끄러웠다.

나는, 혹은 우리는 이렇게 하고 싶은데, 제도의 모순 때문에, 수능 때문에, 학교 문화 때문에, 관리자 때문에 아무것도 할 수 없다는 식으로 '남'을 핑계 대면서 선생 노릇을 해왔다. 그 핑계가 어느 정도 정당한 것도 사실이다. 그렇다고 해서 교사로서 나의 문제가 면책되는 것은 아니다. 나 또한 제도와 문화의 일부분이기 때문이다. 나는 무엇을 했나, 무엇을 문제라고 생각했나. 생각하지 않았음, 따라서 아무것도 하지 않았음이 답이다. 이제는 해야 한다. 무엇을 어떻게 해야 할까. 독서, 도서관, 수업. 세 단어가 스멀스멀 열병처럼 온몸에 퍼졌다.

북유럽 엿보기로는 부족했다. 한국에 돌아와 도서관 운동이 활발히 전개되고 있는 전남 순천으로 향했다. 조례호수 도서관장을 만났다. 2010년 어느 날이었다.

나 광주에서 국어를 가르치는 교사이다. 순천의 도서관 사업은 전국 최초이자 최대 규모로 성공을 거두고 있다고 들었다. 순천은 '10분 거리 안에 도서관'이라는 슬로건을 현실화하고 있다. 나는 독서 교육을 잘하는 방법을 찾고자 왔다.

조례호수 도서관장(이하 조) 도시의 도서관은 불특정 다수를 위한 공공 도서관이다. 이에 반해 학교는 전문 도서관이어야 한다. 그러나 여러 사회적 필요에 의해 학교는 대중에게 도서관을 개방하기 시작하였다. 나는 학교 도서관과 공공 도서관의 역할이 다르다고 생각한다. 학교 도서관은 본래의 기능을 살려야 한다. 학교 도서관은 철저하게 교과 과정과 연계되어야 한다. 학교에서 가르치고자 하는 내용과 관련되며 이를 뒷받침 혹은 심화할 수 있는 책들로 교과를 지원해야 하는 것이 학교 도서관의 역할이라고 본다.

나 2010년 핀란드 교육 탐방을 다녀왔다. 핀란드 학교 도서관에는 책이 별로 없었다. 그 이유를 물으니 학교는 많은 책을 보유하고 있지 않다는 게 사서의 답이었다. 다만 학교에 교사나 학생들이 필요로 하는 책이 없을 경우 지역 도서관에 문의를 하며 학생들에게 그 책이 어느 도서관 어디에 있는지 연결해준다는 것이다. 이것이 사서가 할 일이라고 말했다. 같은 맥락인가?

조 그렇다. 학교 도서관과 공공 도서관은 연계될 필요가 있다. 예를 들어 수학 시간에 기하학을 배운다고 하자. 그렇다면 담당 과목 교사가 공공 도서관에 기하학과 관련된 도서를 일정 기간 전체 대출을 요구할 수 있다. 학급 담임인 경우라면, 교과 내용을 배우는 기간에 관련된 책을 대여하여 학급에 전시할 수도 있다.

나 교사가 공공 도서관에 책 대여를 요구하거나 내가 가르치는 내용과 관련 있는 책을 얼마나 소장하고 있는지 물어보면 마땅히 답해야 하는 것이 공공 도서관의 의무인가?

조 (웃음) 우리나라가 그 정도라고 보기는 힘들 것이다. 지역이나 도서관마다 차이가 있다. 순천은 작은 도서관들을 하나로 묶는 통합 인프라를 구축하고자 한다. 학교와 연계하려는 시도를 여러 번 했으나 쉽지 않았다. 공립 교사는 고정적이지 않고 교육청의 해당 담당자가 늘 바뀌는 바람에 지속적 연계가 그동안 어려웠다. 순천대 앞에 도서관 중앙 센터를 건립하고 있는데 그 역할을 할 수 있을 것이다. 지금 당장은 학교 도서관의 자료를 성찰할 필요가 있다.

조례호수 도서관장과 나눈 대화에서 자각한 것은 세 가지였다. 학교 도서관은 교과를 지원해야 한다는 것과 이에 따른 장서에 대해 교사가 파악하고 있어야 한다는 것, 그리고 그 일들을 '지금 당장' 해야 한다는 것이다. 학교 도서관의 자료를 살핀 후 수업을 설계하거나, 거꾸로 수업을 설계한 후 학교 도서관에 연관 자료를 요청하는 것이 '지금 당장' 해야 할 일이 되었다.

당시 발령받은 학교는 신설 학교였다. 장서는 많지 않았다. 학습자의 독해력이나 흥미에 따라 여러 권의 책을 준비해서 수업을 열고자 했던 계획 때문에 다소 마음이 다급해졌다. 일단은 지역 도서관을 두드렸다. 책을 몽땅 빌려주는 사례는 없다는 게 도서관들의 공통된 답이었다. 가족들의 대출증까지 빌려서 책을 모았다.

그러나 하나의 주제로 40명에 가까운 아이들과 수업하기엔 모은 책이 부족했다. 책을 몽땅 복사해버릴까 생각도 했다. 전보 첫해 동일한 책으로 40권을 준비해달라는 말은 차마 하지 못한 채 이리 뛰고 저리 뛰다 생각을 바꿨다. 내가 책을 마련해주는 게 아니라 아이들 스스로 찾게 하자. 아이들에게 먼저 '도서관'을 가르치자. 도서관이 무엇인지 알게 하고, 스스로 이용하고 요구하게 하자.

도서관, 사제동행 체험학습이 만든 일

아이들을 데리고 순천 도서관 투어에 나섰다. 순천의 작은 도서관(조례호수 도서관, 기적의 도서관, 한옥 글방, 대주 피오레 아파트 작은 도서관 등)을 보여주었다. 그런 도서관을 갖는 것이 턱없는 요구가 아님을 알게 하자는 의도였다. 몇 개의 도서관을 둘러보고 나서 한 아이가 말했다.

"선생님, 왜 이런 것을 보러 여기까지 차 타고 와야 하는지 모르겠어요. 우리 동네에는 이런 도서관이 없어요?"

반가운 질문이었다. 질문 끝에 팀을 이뤄 작성해야 하는 활동지 마지막 페이지를 열게 했다.

"이 문제를 바탕으로 여러분이 원하는 지역 도서관 건립을 위해 편지를 써봅시다."

수신처는 미래 유권자의 당당한 요구임을 인식할 수 있는 지자체장들과 아이들 생활권에 있는 도서관 관장으로 했다.

물론 작은 도서관 운동은 관 주도보다 시민운동의 형태를 띠어야 실효성이 크다는 것을 안다. 신뢰할 만한 시민사회 운동의 영역에서 작은 도서관 운동을 일으키면 좀 더 다양한 사람들을 만족시킬 수 있다. 이를테면 도서관장이나 학생, 학부모와 같은 특정 포지션을 가졌을 때 자신들의 기호와 필요에 따라 도서관 운동이 더 다양하게 적극적으로 일어나기 때문이다.

따라서 편지 쓰기는 실제 결과를 의도했다기보다 여론을 환기시키고자 하는 노력이었다. 예상대로(?) 쓸 만한 답은 오지 않았다. 다만 의도하지 않은 결과 하나. 아이들이 학교 도서관의 변화를 요구했다. 학교 홈페이지에 학교 도서관의 문제점을 지적했고, 도서관 시설 개선 방향을 구체적으로 적기도 했다. 한 친구의 글을 요약해서 옮기면 다음과 같다.

안녕하세요? 저는 ○○중학교 3학년 ○○○입니다.

다름이 아니라 학교 도서관에 관한 이야기를 하려 합니다. 우리 학교는 점심시간이 1시간 30분입니다. 이 시간에 학생들은 운동장에서 축구를 하거나 공부 또는 친구들과 많은 이야기를 합니다. 그중에는 도서실에서 시간을 보내는 친구들도 많습니다. 점심시간에 30~40명 정도의 학생들이 책을 읽는데, 문제가 있습니다.

먼저 인테리어에 관한 이야기를 하고자 합니다. 우리 학교 도서관은 도서관치고 너무 평범합니다. 인테리어를 좀 더 독창적이고 창의적으로 바꾸었으면 합니다. 그러면 학생들이 도서관에 더 오고 싶어할 것입니다. 두 번째로는 작은 도서관에 비해 책상이 너무 큽니다. 때문에 이동도 힘들고 자리가 없어 서서 읽는 친구들이 있고 딱딱한 바닥에 앉아 있기도 합니다. 도서관을 크게 만들고 바닥을 편안하게 만들어서 책을 읽는 친구들에게 편안함을 주었으면 좋겠습니다. 세 번째로는 책이 적습니다. 우리 학교의 전교생이 더 많아지면서 우리들의 관심사도 늘어나고 있습니다. 운동, 역사, 만들기, 친구, 미래, 영어, 컴퓨터, 과학, 제과, 음악 등에 대한 친구들의 고민을 덜어주고 지식을 더 쌓아주기 위해서는 책의 수가 더 많아져야 한다고 생각합니다.

이것을 해결하기 어려우면 학교에서 책을 모아보는 것은 어떨까요? 비용도 절감하고 책도 많아지고 재활용도 하고 환경 파괴도 막고 1석4조 아닙니까? 선생님과 학생들의 생각은 어떤가요?

학생의 바람은 자신의 경험이 담겨 있어 진솔했다. 아이들은 장서도 많고 규모도 크며 인테리어까지 예쁜 도서관을 돌아보았다. 이에 반해 우리 학교 도서관은 공공 도서관의 디자인이나 규모를 따라갈 수 없다. 그렇다고 해서 '너희들이 느끼는 상실감은 적절하지 않아.'라고 말하고 싶지 않았다. 아이들의 정직한 상실감은 오히려 내가 해야 할 일을 일러주었다. 좋은 도서관을 욕심내게 부추기는 것이 그것이었다.

수업 시간에 영화 「투모로우」(롤렌드 에머리히 감독, 2004)와 「로렌조 오일」(조지 밀러 감독, 1993)의 일부분을 보여주었다. 여자 친구와 딸을 살리는 데 책이 큰 역할을 한 장면은 아이들로 하여금 '책'의 의미를 곱씹게 했다. 앞의 학생은 두 영화를 보고 느낀 바가 크다고 했다. 그래서인지 이 친구는 당면한 문제의 해결점을 '책'으로 보고 있었다.

실효성이 있든 없든 간에 해결 방법까지 제시하고 있으니 홈페이지의 글을 보며 마치 나의 수훈인 양 일부러 착각하면서 행복감에 빠져들었다. 답글을 달았다. 솔직하게 말하자면 동료 교사들에게 답글을 부탁했다. 동료 교사들은 "빅 브라더구먼."이라고 농을 치면서 부탁을 들어주었다. 나는 "운동은 이렇게 시작하는 거지."라고 답했다. 아이들은 홈페이지에 올라온 선생님들의 답글 반응에 집중했다. 학교 도서관 건이 기획 회의에서 논의되었다. 학생들의 의견을 반영해 학교 차원에서 아주 간단한 도서관의 부분적 구조 변경이 진행되었다. 글을 올린 아이들 중 몇이 도서관 변경 학생운영위원이 되었다. 아이들은 자신들이 이뤄낸 성과라고 여겼다.

홈페이지에 글을 쓴 학생은 해당 학기 국어 수행평가에서 '도서관 탐방' 보고서를 제출했고 보고서의 끝부분에 '도서관 건축 디자이너'가 꿈이 되었다고 썼다. 이를 보고 다른 아이들도 모둠을 만들어 '도서관 탐방'이나 '우리 동네에서 책을 편하게 볼 수 있는 장소 베스트 5' 등의 주제로 수행평가 보고서를 작성했다. 아이들은 숙제라기보다 재미있는 작업이었다고 소회를 밝혔다.

이후 세상의 독서 달인들이 쓴 책을 바탕으로 '생산적 책읽기-독서 방법'을 주제로 한 기획 수업(8차시)을 진행했다. 안상헌의 『생산적 책읽기 2』를 기본 텍스트로 삼아 자신들의 독서 방법을 돌아보고, 적용할 수 있는 독서 방법을 찾아서 실제로 해보았다. 페이스북을 통해 작가와 대화를 하면서 그 내용을 수업 시간에 소개했다. 안상헌 선생님은 "선생님네 아이들이 계속 친구 신청을 하네요." 하면서 아이들의 질문에 웃음 담긴 메시지로 답을 주었다. 이 책에서 소개한 책읽기 방법 중 수업 시간에 아이들의 흥미를 끌었던 것은 포스트잇 플래그, 포스트잇, 휴대폰을 이용한 것이었다. 실습 위주의 수업은 책을 거부하는 아이들까지도 흡수했고, 그해 도서관을 찾는 아이들이 늘었다. 동시에 작가와의 직접 대화를 통해 책읽기의 새로운 경험을 맛보았다.

미술과와 함께한 도서관 디자인 수업

2013년 3월 혁신부[3]의 제안으로 '도서관 디자인' 수업을 미술과와 함께 만들었다. 도서관 이관 문제, 도서관의 필요성 및 역할 등을 수업한 후 미술 시간에 학교의 새로운 도서관을 직접 그려보는 방식이었다. 북유럽 도서관 탐방을 다녀온 전국학교도서관 담당교사 서울모임[4]에 요청해서 북미 소재의 도서관 사진을 받았고, 최근 만들어진

3 혁신학교의 부서 중 하나로 학교 혁신 프로그램을 주관하는 부서이다. 학급 수 증축, 도서관 문화 논의를 바탕으로 도서관 이관 문제를 고민했고 이전 시 도서관 디자인 문제에 대해 학생들의 아이디어를 받기로 결정했다. 이와 관련된 수업 설계를 담당 과목 교사들에게 요청했고, 당시 2학년을 맡았던 교사가 이를 수락했다.

4 전국학교도서관 담당교사 서울모임, 『북미 학교 도서관을 가다』와 『북미 도서관에 끌리다』(우리교육, 2012) 참조.

학교 도서관 사진, 이스라엘 도서관 영상 등을 보면서 도서관이 무엇인지, 더불어 책이 무엇인지를 공부했다. 학교는 도서관 이관 비용을 마련하기 위해 학생, 학부모와 함께 바자회를 열었다. 바자회 날 아이들의 작품은 전교생에게 좋은 도서관 평가를 받았다. 자신의 작품이 선정되길 바라는 마음 떨림이 오죽했을까? 이후에 작품은 이관 공사를 하는 업체의 디자이너에게 넘겨졌다.

아이들과 나는 상상했다. '도서관이 우리의 아이디어로 단장되는 날, 2010년 홈페이지에 처음으로 글을 올린 선배와 2013년의 아이들이 만나서 개관 파티를 연다. 수업 시간 함께 읽은 작가가 와서 축하를 한다. 도서관 가구와 배치는 이런 의도에서 건의했노라 발표를 한다.' 생각만으로도 벅차올랐고 도서관에서 아이들이 우글우글 책과 노니는 장면은 상상만 해도 기뻤다.

몇 가지 문제로 지금까지 도서관은 옮겨지지 못했다. 아쉬움은 컸지만 변화를 준비하는 과정에서 아이들과 나는 깨달은 게 있었다. 아이들이 그린 도서관 디자인을 보며 생각을 정리했다. 두 가지로 간추려졌다.

첫째, '어떤 도서관을 갖고 싶니?'라는 물음은 '어떻게 살고 싶니?'와 다르지 않았다. 그림은 엉성했으나 아이들은 문화 욕구를 과감하게 표현했다. 와이파이가 되는 도서관, 만화 서고가 따로 존재하는 도서관, 악보가 있는 도서관, 바닥이 따뜻한 도서관, 간단한 음료를 먹을 수 있는 도서관, 토론방이 있는 도서관, 한 층 전체가 도서관인 학교를 그렸다.

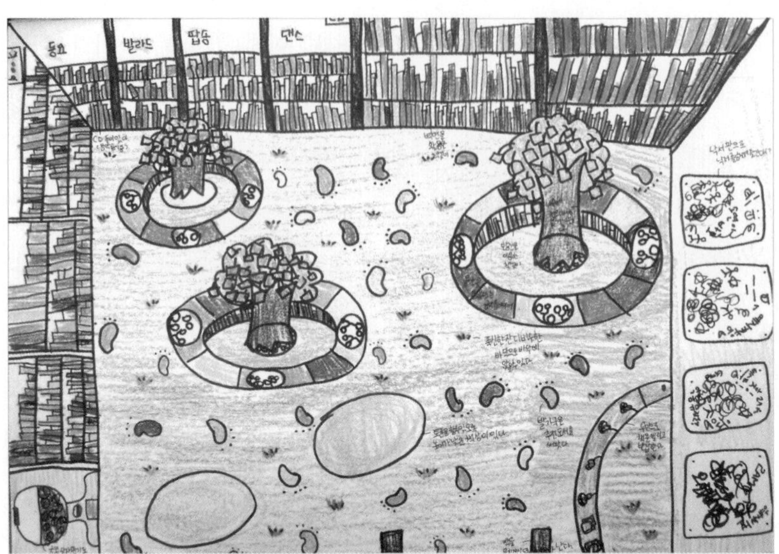

도서관 디자인을 할 때 구조나 가구의 쓰임을 적도록 했다. 이 학생은 기존의 크고 높은 책상을 들어내고 토론을 할 수 있는 아담한 책상을 동그랗게 그렸다. 영화 「쇼생크 탈출」에서 죄수들이 만든 도서관에서 힌트를 얻어 CD장을 그려 넣었다. 푹신한 바닥을 요구했고, 당시 없었던 무인 반납기를 원했다. 바닥 발자국 모양마다 추천도서가 적혀 있으면 했다. 학교에 매점이 없다 보니 도서관에서 간단한 간식을 먹고 싶다는 의견을 많이 냈는데 이 학생은 왼쪽 하단에 초콜릿 자판기를 그렸다.

둘째, 배움은 교실에서 밖으로 연장되어야 한다. 학생 여럿이 홈페이지에 글을 올린 2010년, 아이들은 왜 도서관에 집중했을까? 왜 아이들은 스스로 도서관 탐방을 기획해서 떠났을까? 또 지금의 아이들은 도대체 언제 도서관을 옮기느냐고 질문할까? 책을 읽고, 수업 시간에 서로 배우고, 그것이 다시 교실 밖으로 이어졌기 때문이다. 아이들은 충분히 '자각'하고 있었다. 이제 2013년의 아이들도 선배들처럼 이 기운을 좀 더 책으로 이끌면 된다는 확신이 들었다.

도서관 수업이 왜 독서 수업이냐고 묻는 사람이 더러 있다. 책이 한 권의 도서관이라면 도서관은 여러 권의 책이다. 따라서 도서관 공부는 근본에서 독서와 다르지 않다. 더 나아가 책을 손에 잡게 하는 공간이 어려서는 교실이라면 자라서는 도서관이다. 독서 교육은 평생의 독서자를 기르고자 하는 목표를 포함하기 때문이다.

프로젝트 2

세계 빈곤

교과서 버리기

장 지글러의 『왜 세계의 절반은 굶주리는가?-유엔 식량특별조사관이 아들에게 들려주는 기아의 진실』은 표지부터 강렬했다. 작가는 학교는 이에 대해 가르치지 않는다고, 마지막 장에 썼다. 서점에 쭈그려 앉아 읽으면서 전교생에게 가르치겠다고 다짐했다. 2007년의 '자각'은 2010년 '실천'이 되었다.

세계 빈곤을 국어 시간에 배운다. 아이들의 수준에 맞는 책으로. 그럼 교과서는? 교과서를 쓰지 않으면 학생들과 학부모가 적잖이 당황한다. 한두 시간 계기 교육이 아닌 한 학기를 하나의 주제로 수업한다고 하면 더욱 그렇다. 아이들 입장에서는 교과서 한 권을 버리는 셈이니까. 교과서를 쓰지 않기로 작정(?)하면서 동시에 그 근거를 확고하게 정리해둘 필요가 있다. 다시 책을 폈다. 독서 교육과 관련한 많은 책 중에 가장 와 닿은 것은 김은하의 『영국의 독서 교육』이었다. 이 책에 따르면 영국의 경우 주된 교재로 사용하기 위해 편찬된 교과서가 없다. 국정도, 검인정도 없다. 정부가 학교에 어떤 교재를 써야 한다고 제시하는 지침도 없다. 교과서를 쓰지 않는다면 무엇으로 수업을 할까? 책이다. 그래서 아이들의 가방에는 교과서 대신 책이나 자료를 모은 파일이 있다. 상황이 이렇게 전개되면 프로젝트 수업이 쉬워진다.

우리나라 교과서에 실린 의견이나 정보는 '이미 정리해놓은' 것이 대부분이다. 최근 몇몇 역사 교과서의 특정 사관을 정부가 문제 삼은 것도 우리 역사의 공과를 하나의 입장으로 정리한 교과서를 역사 인식의 정석으로 삼기 때문에 생겨난 일이다. 영국인에게 이런 이슈는 낯설다. 영국 학교에서는 역사에 대한 다양한 해석을 다양한 교재를 통해 알게 하여 아이들이 자신의 입장을 스스로 선택하게 한다. 아이들은 한 역사적 사건이 어떤 입장에선 긍정적으로, 다른 입장에선 부정적으로 해석 가능하다는 걸 배우는 것이다. 정부 구성에 대해 배울 때에도, 우리 아이들은 대통령제와 의원내각제의 정의, 장점과 단점을 말끔히 정리해놓은 교과서의 글을 읽는 반면, 영국 아이들은 대통령제나 의원내각제를 옹호하는 글, 기원에 관한 글, 제도를 실시하고 있는 나라에 대한 글을 수업 자료를 통해 접한다. 그리고 자신이 어떤 제도를 옹호하는가는 학생 자신이 정리할 몫이다. 단, 그 주장을 합리적 논리 위에 체계적으로 밝힐 줄 알면 된다. 영국의 국어 읽기 영역 수준별 목표에서도 볼 수 있듯이, 다양한 혹은 서로 충돌하는 의견이나 정보를 자기 것으로 소화해 표현할 수 있도록 가르치기 때문에 한 가지 정리된 의견을 아는 것은 내 입장을 발전시키기 위한 '준비' 과정 정도의 중요성만 갖는다. 교과서의 부재는 이와 같이 작품의 길이, 종류, 입장이 서로 다른 책을 다양하게 읽을 수 있게 한다.[5]

5 김은하, 『영국의 독서 교육』, 대교출판, 2009, pp.30~31.

교과서를 쓰지 않는다는 것, 동시에 그것이 아무런 문제도 되지 않는다는 것은 교사에 대한 신뢰가 강하다는 것을 보여준다. 영국의 교사들은 교육 기간 내내 교육과정의 자율성을 어떻게 전문적으로 발휘할지 고민하고 이를 중점적으로 훈련받는다. 교사 교육은 대학과 학교 현장을 오가면서 이루어지고, 실습 기간이 우리나라의 네 배 이상이며, 이마저도 점점 늘어나는 추세라고 한다. 예비 교사들은 현장에서 교사가 교육과정을 어떻게 만들고 수업을 구성하는지 관찰한다. 또한 자신이 만든 자료로 수업을 해보고, 과목 수석 교사와 전공 교수의 멘토링을 받는다. 영국의 교사와 예비 교사들은 수업 자료를 위해 교과서와 교사용 지도서가 아닌 '책'을 뒤적거리고 필요에 따라 오리고 붙이느라 바쁘다. '가르친다'는 개념이 우리 교육과는 다르다는 생각이 들었다. 부러움과 슬픔이 동시에 느껴졌다. 그러나 '오기'도 고개를 들기 시작했다.

『국제 교과서 심포지엄』(2013) 보고서는 교과서에 대한 세계 각국의 여러 쟁점들을 담고 있다. 한국의 경우 자율화, 다양화, 질 관리 등이 교과서를 둘러싼 이슈로 제시된다. 이 이슈들은 서로 연관되어 정책적으로 홍보되고 있다. 교과서가 다양해지고 자율화되면, 그만큼 교과서는 다양해지고, 동시에 교사의 교과서 채택 자율권이 넓어져 개별 교사의 수업 방식에 맞는 교과서가 선정돼 다양한 수업이 이뤄질 것이라는 기대가 담겨 있는 것으로 보인다. 다양화된 교과서로 인해 발생 가능한 품질 문제는 '질 관리 체제'로 보완한다. 질이 낮은 교과서를 보완 또는 퇴출하겠다는 것이 '질 관리 체제'의 핵심 기능이다. 이미 교과서 자율화를 일궈낸 핀란드의 경우는 어떠할까? 보고서에 질의응답 형식으로 실린 핀란드 톰 위크만(Tom Wikman, 세계 교과서 연구학회 회원, 핀란드 Åbo akademi 대학 교육학) 교수의 말이다.

> 핀란드의 경우는 이미 교과서 시장이 자율화되어 있습니다. 이는 교과서의 질 향상을 위한 동력으로 여겨지기도 합니다. 다만 다양화와 관련된 이슈는 흥미롭습니다. 자율화된 교과서 시장은 잘 팔리는 교과서를 만들기 위해 움직이지 다양한 교과서를 만들기 위해 움직이지는 않기 때문입니다.

한국의 교육 당국은 교과서 시장이 자율화되면 교과서가 저절로 다양해질 것이라는 기대를 갖고 있다. 하지만 자율화된 시장이라고 해서 다양한 교과서가 나오지는 않는다는 것이 톰 위크만 교수의 주장이다. 수업의 다양화, 교육의 다양화는 교과서의 다양화가 아니라 교사의 역량 강화를 통한 자율권 부여에 달려 있다는 것이 내 입장이다.

핀란드는 국가가 공표한 대강화된 교육과정에 근거하여 자신의 수업에 가장 적합한 교과서를 채택하며, 교과서와 다양한 교육 자료를 활용하여 자신만의 수업을 구성한다. 이들은 대학에서부터 강화된 '교육과정 문해력'과 교사에 대한 사회적 신뢰를 바탕으로 수업을 설계한다.

한국의 경우 국가가 교과서의 자율화, 다양화를 외치면서도 꼭 교과서를 사용해야 한다는 규정을 지렛대로 교육과정과 교사의 수업에 관여하고 있다. 이 대목에서 '교육과정 문해력'을 고민하게 되었다. 임용고사 문항에 빠지지 않는 것이 교육과정이다. 이를 대비하기 위해 임용 수험생들은 교육과정 및 해설서, 많은 종류의 교과서를 구입한다. 더불어 각종 출판사 사이트를 통해 교사용 지도서를 구입한다. 교육과정의 내용이 어떻게 교과서에 반영되어 있는지 분석하는 것이 먼저이지만 여의치 않으면 구입한 자료를 읽거나 심지어 교육과정 해설서를 통으로 외워버린다. 그런데 교육 현장에서 자신의 수업 설계를 위해 교육과정을 살피는 경우는 많지 않다. 왜 그럴까? 답은 간단하다. 우리에겐 '다양하고 친절한, 국가의 검인정을 통과한, 의무적으로 사용해야 하는 교과서'가 있기 때문이다.

핀란드와의 차이는 우리의 교사 양성 과정에 많은 문제점이 있음을 시사한다. 그러나 대학만을 탓할 수 없는 우리의 환경이 있다. 그럼에도 불구하고 교사의 신뢰 문제를 외부에서만 찾을 수는 없다.

그렇다면 교사의 신뢰는 어디에서 올까? 나는 교사가 교육과정의 자율성이 자기 것이라는 점을 아는 것에서부터 출발한다고 생각한다. 다시 말해 임명장과 함께 주어진 자율성을 '버리지 않고' 제대로 써먹을 때 가능하다고 여긴다. 이 생각을 발령 초기부터 가지고 있었다면 좋았겠지만 그러지 못했다. 수업의 '하루살이(장기적 안목이나 시간 투자를 통해 수업을 기획하기보다 한 주 혹은 하루 전에 수업을 준비하는 것을 이르는 말이다)'를 살았을 뿐이다.

이제 교과서 텍스트 의존성을 탈피해 교육과정을 재구성하자. 두

영역	8학년 교육과정 내용
전체	듣기, 말하기, 읽기, 쓰기가 문제 해결 과정임을 안다.
듣기	내용을 종합하며 듣는다. 상대의 비판을 이해하려는 태도를 지닌다.
말하기	토론을 통하여 내용을 생성해 말한다. 시청각 보조 자료를 활용하여 말한다. 말하는 이의 의견을 존중하면서 말하려는 태도를 지닌다.
읽기	내용과 내용의 관계를 알 수 있는 표지에 유의하며 글을 읽는다.
쓰기	토론을 통하여 내용을 생성해 글을 쓴다. 문장이 자연스럽게 이어지지 못한 부분을 고쳐 쓴다.
문학	작품에 드러난 작가의 세계관과 문화적 상황을 관련지어 이해한다.

세계 빈곤 프로젝트 수업 설계를 위해 살펴본 8학년 교육과정 부분

나라의 교과서 사례를 살펴보고 나서 내린 결론이다. 잘 요약된, 단일한 형태의 글로 존재하는 교과서에 머물지 말고, 여러 권의 '교과서'들을 읽을 수 있는 기회를 조직하자는 것이었다.

교육과정 재구성

8학년 국어 교육과정을 폈다. 세계 빈곤을 주제로 프로젝트를 설계할 때 연결할 수 있는 교육과정 요소를 추출했다. 이를 바탕으로 '정보를 재구성하여 지식으로 만들기'라는 새로운 단원을 만들었다. 아이들은 요약하기 방법부터 배운다. 핵심어, 중심 문장, 뒷받침 문장, 요약하기, 종합하기의 과정을, 세계 빈곤을 다룬 책이나 인쇄물을 재료로 '표지에 유의하며 읽기' 연습한다. 중학교 2학년을 대상으로 실시한 기획 수업이라서 단행본 서적을 처음 주었을 때 많이 어려워했다. 어휘력에 문제가 있었다.

그래서 앞으로 읽게 될 책에서 주요한 부분을 발췌해서 사전 찾기부터 연습을 한다. 요약하기가 어느 정도 익으면 이 중 세 종류의 책을 소개하고 자신의 독서 능력이나 기호에 따라 한 권을 선택해서 읽는다. 종류별로 책은 학생 수만큼 준비했다. 용기를 내어 학교에 복권(40권씩)으로 주문했고, 간단한 설명을 통해 도서선정위원회를 통과했다. 독해력이 낮은 아이를 위해 같은 주제라도 난이도에 따라 상중하로 분류하여 초등학교용, 만화 도서, 중학교 혹은 고등학교 수준의 도서를 갖췄다.[6] 『세계에서 빈곤을 없애는 30가지 방법』을 예상보다 어려워해서 발췌독을 한 경우도 있는데 소제목 중 가장 관심이 가는 부분을 읽었다. 읽은 내용을 요약하고 이후 콜라주 포스터 만들기,

6
〈정규 수업 시간 도서〉
만화 도서: 일본기아대책기구, 『왜 세계의 많은 아이들은 굶주릴까요?』, 파란자전거, 2009.
초등학교용 도서: 예영, 『지구촌 곳곳에 너의 손길이 필요해』, 뜨인돌어린이, 2010.
중학교용 도서: 다나카 유 외, 『세계에서 빈곤을 없애는 30가지 방법』, 알마, 2007.
*수업용 도서는 학교에서 복권으로 구입해준 2세트(모두 40권씩)와 교사 동아리에 공모해 받은 연구비(1세트)로 구입했다. 이후 이어지는 프로젝트 수업 복권 도서는 교과부의 창의인성 수업 공모전과 광주광역시 교사 자율 연수 및 동아리 공모에 응모하여 받은 연구비로 구입하였고, 연구회 회원들의 각 학교에서 대단위, 소단위 프로젝트형 수업 및 독서 교육을 실시하였다.

〈도서관 비치 요청 도서〉
아드리안 쿠퍼, 『세상에 대하여 우리가 더 잘 알아야 할 교양: 공정무역 왜 필요할까?』, 내인생의 책, 2010.
이케다 가요코 구성, 『세계가 만일 100명의 마을이라면』, 국일미디어, 2009.
장 지글러, 『왜 세계의 절반은 굶주리는가?』, 갈라파고스, 2007.
카리나 루아르, 『세계의 빈곤, 남반구와 북반구의 비밀』, 사계절, 2010.
정원각 외, 『생명을 살리는 윤리적 소비』, 상수리, 2010.
*도서관 비치용 도서는 해당 연도에 발행된 새로운 책으로 신청한다. 해당 연도에 만나는 아이들의 수준을 고려하여 새로운 책을 도서관에 요청하고 수업 시간에 어떤 책으로 더 살펴볼 수 있는지 안내한다.

7 이혁규, 『수업, 비평을 만나다』, 우리교육, 2007.
* 정규 수업 시간 실시된 독서 방법, 무역 게임, 토론 내용과 관련된 12차시 지도안은 사진과 함께 교사 커뮤티니(http://eduict.org/)에 실려 있다. 이 지도안은 2010년 광주광역시 교육청 주관 수업발표대회 제출용 지도안이며 기존의 갑종 지도안 형식을 버리고 새로운 형식에 담았다.

링컨 더글러스 토론을 했다. 반별 토론 대회도 진행했고 토론을 위해 다른 과목 숙제도 안 하고 책만 봤다는 학부모의 이야기도 들었다.

세상 만나기로 시작되는 '실천'

두 달간의 수업이 끝나자 아이들의 마음이 움직였다. 책은 아이들에게 '자각'을 일으켰다. 프로젝트 수업 후 이어진 수행평가(구호 단체에 편지 쓰기)에서 몇몇 아이들은 세이브 더 칠드런, 아름다운 가게, 엠네스티 등 구호 단체로부터 답장을 받았다. 학생들은 단체와 주고받은 편지의 감동을 학교와 지역사회 안에서 다른 방식으로 '실천'하기 시작했다. 저체온증 아동을 돕기 위한 모자 뜨기 활동, 영유아 살리기 캠페인, 사형제도 폐지 서명 운동, 대형 마트에 공정무역 초콜릿 판매를 위한 건의문 쓰기 등 사회 속으로 뛰어 들어가는 활동을 활발히 펼쳤다.

아이들의 활동을 보면서 공정무역의 중요성과 필요성을 몸으로 느끼게 하고 싶었다. 『수업, 비평을 만나다』[7] 내용 중 캐나다 경제 교육을 '발견'했다. 이를 응용해서 '공정무역 게임'을 만들었다. 선진국과 저개발국가의 불공정 거래 게임으로 2시간 동안 온몸으로 공정무역의 필요성을 배운다. 게임이 끝나면 아이들은 눈이 그렁그렁해진다. 진행하는 나도 그렇다.

공정무역 초콜릿 판매 건의에 대해 지역 내 한 대형 마트는 학생에게 직접 전화로 답을 주었고 응답 15일 이후 판매를 시작했다. 이에 힘을 받은 학생들은 공정무역 캠페인을 제안했다. 페이스북에 이벤트를 열었고 함께할 사람을 모았다. 엄청난 일이었다. 다만 현실적으로 준비되는 것은 하나도 없었다. 아이들은 당연히 교사가 도와줄 것이라고 여겼다. 페이스북 이벤트를 보면 캠페인 장소(북카페)도, 시간도 정해졌다. 그런데 프로그램이 없고 카페 사장의 동의를 얻은 것도 아니었다. 교사가 어디까지 해야 하는지를 심각하게 고민했다.

캠페인에 대해 어떤 곳에 문의를 해야 하는지조차 감이 잡히지 않았다. 마침 NGO 센터에서 시민강좌가 열렸다. 청강생의 입장이었지만 강의 후 질문 대신 도움을 청했다. 그 자리엔 시민단체 관련자들이 있었다. 아름다운 가게, 여성 민우회, 아이쿱 생협, 복지관, 구청 관계자. 강의가 끝나고 내가 받은 명함이 20장은 족히 넘었다. 박재동 화백의 "아이들이 배우려고 하면 온 우주가 나서서 도와줘야 합니다."의 실현이었다.

공정무역 캠페인을 준비하는 대표 12명의 아이들과 아이쿱 생협, 북카페 사장님과의 미팅. 어설픈 우리의 캠페인은 지역사회의 도움으로 틀을 잡기 시작했다. 아이들은 생협에 가서 바른 소비 교육을 받았고, 카페 사장님과 일정과 공간 확보를 논의했다. 아름다운 가게 전남본부에 연락해서 캠페인 당일 강사를 구했다. 문화제 형식을 갖춰 보고자 지인들을 동원했다. 체육 선생님의 라인댄스, 아이들의 발표, 바이올린 공연, 기타 공연, 공정무역 제품 판매, 수업 시간에 읽은 책 판매 등 지역사회 사람들에게 공정무역이 무엇인지부터 알리는 행사를 아이들이 만들어냈다.

이 과정은 아이들보다 교사인 나에게 길을 터주었다. "교실은 더 이상 배움의 기본적인 접점touch point이 아니다. 학교 커뮤니티는 네트워크의 장으로 탈바꿈한다. 교사와 학생의 역할 확대로 지역사회에 공헌한다."와 같은 미래 교육 보고서에 나오는 말들이 공허하지 않았다. 비록 좌충우돌이었지만, 행복하게도 나는 공교육 정규 수업 시간에 교사 수준의 교육과정으로 '책읽기'가 생활 깊숙이 개입하는 행복한 경험임을 터득했다. 동시에 독서 교육의 본령이라고 여겼던 '자각'과 이후 이뤄지는 '실천'이 무엇인지를 아이들의 활동을 통해 배우고 있었다.

프로젝트 3

짓밟힌 인권-일본군 '위안부'

학급 행사가 준 수업 아이디어

기말고사를 끝내고 나면 무의미하게 흘러가기 마련인 '남은 수업'이 싫었다. 논픽션 도서로 독서 교육에 집중하다 보니 상대적으로 문학작품 감상이 소홀해졌다. 4차시 분량의 시 수업을 준비했다. 첫 번째 텍스트는 민병일의 「사이판에 가면」[8] 이었다. 일본군 '위안부'를 소재로 한 시이다. 텍스트북으로 삼은 책 292쪽에 '한국정신대문제대책협의회(이하 정대협)' 할머니께 드리는 편지글을 쓰는 활동이 있었다. 사회적 글쓰기 덕을 본 터라 이 활동을 수업 시간에 넣었고 실제 원하는 학생들은 직접 사이트에 올릴 수 있음을 알렸다. 많은 학생들이 글을 올렸다. 수요 시위에 어떻게 참여할 수 있는지, 할머니를 직접 뵐 수 있는지 질문이 계속 튀어나왔다. 책을 읽고 자신과 현실을 '깨닫고' 무엇인가를 '할 수 있다'는 메시지가 아이들 가슴에 남은 결과라고 생각한다.

2학기 말, 학급 지원금이 남았다. 아이들에게 1년간 배운 내용을 바탕으로 조를 이뤄 체험학습을 직접 기획해 오는 팀을 선발하여 지원금을 주겠다고 했다. 6개 팀이 응모했고 1등은 일본군 '위안부' 시 수업을 바탕으로 한 수요 시위 참석, 할머니 뵙기를 프로그램 내용으

8 전국국어교사모임, 『삶의 시 삶의 노래』, 나라말, 2004.

로 제출한 팀이었다. 정대협 윤미향 상임대표와의 인터뷰, 서대문형무소역사관 투어를 추가했다. 정대협 대표와 주고받은 메일을 나에게 보내면서 전화로 소식을 알리던 아이들의 목소리는 지금도 생생하다. 또 아이들은 직접 정대협에 문의해서 알게 된 『20년간의 수요일』을 나에게 소개해주었다. 아이들은 질문을 만들기 위해 방학 때 모였고, 역할을 나누면서 인터뷰 연습도 했다. 자유 발언 준비, 할머니께 드릴 편지와 선물을 포장하고 가방을 꾸렸을 것이다. 그리고 새벽 6시 반 학교 정문에서 서울로 출발. 이 모든 과정을 아이들 스스로 해냈다.

체감온도 영하 20도의 매서운 날씨 속에서 아이들은 준비한 자유 발언, 인터뷰를 아주 잘했다. 날씨 탓에 마비가 온 할머니들을 직접 찾아 나섰다. 쉼터에 가서 할머니들께 선물과 편지를 드렸다. 할머니들께서 들려주시는 말에 같이 울었다. 광주로 돌아오는 길, 한 학생이 말했다.

"선생님, 강사 불러다가 하는 방송 수업 있잖아요. 그거 하지 말고 정대협 사람들이나 할머니 모셔서 애들하고 같이 이야기 들으면 안 되나요?"

이 학생은 7장짜리 보고서[9]를 들고 교장실을 찾았다. 아이들의 자각과 실천의 속도는 예상보다 훨씬 빨랐다. 이제 나는 아이들 덕에 더 분주하게 움직이게 되었다. 그래서 2학기에는 짓밟힌 인권을 주제로 일본군 '위안부', 근로정신대 관련 수업을 열었다.

9 학생의 보고서는 정대협 카페와 전국국사교사모임 카페에 실려 있다.

1년 동안 독서를 바탕으로 한 프로젝트 수업 진행에 적응한 아이들은 책 수레에 있는 120여 권의 책을 보면 "와, 새 책이다."라며 반응을 보였다. 주제를 설명하기 위한 게임 수업에 집중하고, 이어 어떤 책을 선택할 것인지에 대한 설명을 듣는다. 그리고 3시간 동안 한 권의 책을 메모해가면서 읽는다. 남은 7시간 동안 토론하고, 글을 쓰고, 문제를 만들고 풀고, 작품을 만들고, 이를 어떻게 활용하면 좋을지 토의하고 실천한다. 2010년과 2011년 2년을 함께하며 이젠 익숙한 광경이 되었다.

읽기 시간에 아이들이 쓴 메모를 보면서 다음 수업 내용을 설계할 때가 많다. 그래도 수업을 만들 때마다 가장 큰 고민은 내가 국어 교사라는 점이다. 사회, 역사 수업이 아닌 국어 수업이 되기 위해 어떻게 수업을 진행해야 하는지는 늘 고민이다. 다행히 언어활동의 모든 영역-듣기, 말하기, 읽기, 쓰기-을 망라한 국어 교육과정 덕에 모든 언어활동은 모두 국어 학습의 준거가 된다는 것을 이 시기가 되어서 깨달았다. 판단에 대한 두려움을 뒤로하고, 아이들이 소개해준 책을 포함해서 일본군 '위안부' 관련 도서를 찾고 학습자 수준을 고려해 3종 세트[10]를 마련했다. 수업은 총 15차시로 진행되었다. 세계 빈곤 프로젝트 수업의 경우, 수업 끝난 다음 교실 밖에서 독서 이후 사회 참여 활동에 대해 아이들과 논의했다. 이번에는 수업 속에서 모둠별로 기획하고 실천했다.[11]

문화제로 여는 프로젝트 수업 총화

일본군 '위안부' 문제에 대해 자신들의 삶 속에서 힘을 더할 수 있는 방법을 토의했다. 모둠마다 논의된 내용을 칠판에 붙이고 나서 설명한다. 아이들은 가장 좋은 아이디어에 스티커를 붙였다. 이때 나온 '실천' 방안은 기발했다. 수업으로 끝내기에는 정말 아까웠다. 결국 학교에서 '딸들의 아리랑'이라는 문화제를 열었다. 전일제 봉사활동 시간을 일본군 '위안부' 캠페인으로 채웠다. 각 교실에서 선정된 아이디어로 1교시 교실 행사가 이어졌다. 다른 학년 복도에 대자보 붙이기, 다른 학교 학생에게 『20년간의 수요일』 책 소개하는 엽서 쓰기, 플래시몹 촬영, 손바닥 서명 운동, 미니 영화제, 트위터나 페이스북을 활용해서 일본군 '위안부'를 알려달라고 연예인에게 글 남기기 등 다채로웠다. 2교시부터 3시간 동안 강당에서 근로정신대와 일본군 '위안부' 퀴즈대회를 열었다. 정대협 실무자와 근로정신대 시민모임 대표가

10
〈수업 시간 사용 도서〉
초등학생용: 윤정모, 『봉선화 필 무렵』, 푸른나무, 2008.
만화 도서: 정경아, 『위안부 리포트』, 길찾기, 2006.
중학생 이상: 윤미향, 『20년간의 수요일』, 웅진주니어, 2010.

〈도서관 비치 요청 도서〉
권윤덕, 『꽃할머니』, 사계절, 2010.
김혜원, 『딸들의 아리랑』, 허원미디어, 2007.
배홍진, 『그림 속으로 들어간 소녀: 한 일본군 위안부 할머니를 위한 대필 작가의 독백』, 멘토프레스, 2008.
권태성, 『다시 태어나 꽃으로』, 두리미디어, 2007.

11 이 수업은 2011 교과부의 창의인성 수업 지도안 발표에서 사용했다. 전체 수업지도안은 http://www.crezone.net/index.do(창의인성 교육- 2011- 검색어: 인체로)과 교컴(http://eduict.org/)에 실려 있다. 참고로 크레존에는 독서 방법론 수업부터 일본군 '위안부' 수업까지 총 56차시의 수업 지도안이 실려 있다.

함께했다. 양금덕 할머니의 강연이 이어졌고, 이후 브라스밴드 킹스턴 루디스카의 축하 공연, 국근섭 씨의 춤, 학생회장의 자유 발언, 성명서 낭독 등 가상 수요 시위가 3시간 동안 진행되었다. 이 행사를 취재한 오마이뉴스 기자는 두 편의 기사를 썼다.[12]

수업 시간에 이 기사를 활용해 책을 읽는다는 것의 의미를 나눴다. 이후 아이들은 정대협에 후원을 하기도 하고 근로정신대 관련 서명 운동 인증 사진을 보내기도 한다. 겨울 가족 여행지로 일본 대사관 수요 시위를 추가시켰다며 으쓱해한다.

2013년에는 일본군 '위안부' 심달연 할머니를 주제로 한 그림책 『꽃할머니』의 권윤덕 작가를 모셨다. 아이들과 『꽃할머니』 제작 과정을 다룬 영화 「그리고 싶은 것」을 보고 감상을 담은 편지로 작가를 초청했다. 가을밤 아이들은 작가와 함께 일본군 '위안부'를 통해 평화를 배웠다.[13] 책읽기가 생활 깊숙이 개입하는 행복한 경험을 하게 된 것이다. 아이들의 말은 감동적이었다.

"선생님, 세상이 놀이터예요."

"사는 게 재밌어요."

12 오마이뉴스(2011. 10. 16) 기사에서 '광주 수완중', '딸들의 아리랑' 등으로 검색해 기사를 읽을 수 있다.

13 광주드림(2013. 10. 21), '베트남전 한국군, 일본군과 뭐가 다른가?'란 기사를 통해 아이들과 작가가 나눈 심도 있는 대화를 읽을 수 있다.

2012『함께여는 국어교육』 표지로 사용된 사진이다. ① 2012년 수요 시위에 참여하여 자유 발언 후 공연, ② 수요 시위 종료 후, ③ 광주광역시·아름다운 가게 주최 광주시민 대상 대동 한마당에 초대된 공정무역 파티 부스 운영으로 시민을 대상으로 자신들의 활동을 설명, ④ 1회 공정무역 캠페인으로 북카페 주차장에서 수업 시간에 읽은 책들을 판매, ⑤ 생협의 도움으로 공정무역 제품을 전시·판매, ⑥ 순천 도서관 투어 후 순천만에서 우리 지역의 도서관을 당당하게 요구하는 편지 쓰기를 설명.

독서 교육을 하면서 만난 어려움

독서 교육을 하면서 4년 동안 항상 놀라고, 감동했지만 어려움도 많았다. 첫 번째가 아이들의 저항이었고, 두 번째는 학부모의 민원이었다. 세 번째는 동료 교사를 설득해야 하는 일이었다.

학기 초 수업 계획서를 나눠 주자 몇몇 학부모가 전화를 했다. "이 책들을 다 사줘야 합니까?" "시험은 어떻게 대비합니까?" "이대로 수업을 다 하시려고요?" 적절히 대응할 수 있는 문제였다. 그러나 나를 제일 많이 흔들었던 것은 아이들이었다. 한 아이가 우울한 얼굴로 말했다. "선생님, 2학년 되어서 성적을 올리고 싶어서요. 학원을 끊었거든요. 근데요 '개'망했어요." "선생님, 학원에서요, 선생님보고 미쳤대요." "학원에서요, 우리 학교 국어는 대비 못 해준다고 선언했어요. 그래서 국어 수강을 빼려는데 환불을 안 해줘요. 어떡해요?" "시험공부를 어떻게 해야 할지 모르겠어요." 공부를 좀 하는 아이들의 부드러운(?) 민원이 시작되자 학부모의 저항이 좀 거세졌다. 결국 공개 수업 때 반 아이들보다 더 많은 수의 학부모가 참관했고 두 시간이 넘는 간담회를 했다.

인생은 아이러니하다. 고등학교 교사 때 나는 '문제 풀이 전문가'였다. 그 시절의 회의가 여기까지 오게 한 동력이었는데 간담회 자리에서는 그간의 경험이 적절한 방패막이가 되었으니 말이다. 일단 학부모 말을 들어보자.

"나는 지금도 잘 모르겠다. 이렇게 배우는 것이 고등학교에 가서 도움이 되는지. 도대체 (대학 나온) 나조차도 아이 시험을 못 봐준다. 아니면 문제집을 사주면 되는데 이건 도무지 문제집으로 공부할 수 없으니 답답하다. 수행평가도 비율이 너무 높다. 토론 준비한다고 다른 과목 숙제도 안 한다. 교과서는 아예 안 할 생각인가? 교사가 너무 이상적인 게 아닌가? 다 좋다. 어차피 고등학교 가면 힘들 텐데 중학교에서라도 쉬어 가는 시간이라고 생각하겠다."

아이들과 학부모의 민원성 발언의 공통점은 '성적'이다. 아이들은 수업을 통해 만나기 때문에 진심을 전하면 된다. 물론 시간은 걸린다. 그러나 학부모의 경우는 다소 어렵다. 아이들의 입을 통해, 아파트 모임을 통해 전해지는 이야기가 전부일 수 있는 학부모에게 『아깝다 학원비』, 『굿바이 사교육』 책을 드려도, 저자 초청 강연을 해도, '내 아이'가 공부를 잘해야 좀 더 수긍을 해주는 현실에서 몇 시간의 간담회로 학부모를 설득하는 것은 쉬운 일이 아니다.

무엇이 공부인지, 미래 사회는 어떤 것인지에 대한 이야기로 포문을 열면 나는 영락없이 실험의식이 강한 교사가 되고 만다. "이상을 현실로 만드는 것이 나의 직업이며 지금의 현실은 예전 사람들의 이상이기도 합니다."라는 말은 학부모가 나의 게임에 반은 들어온 후에야 약발이 먹힌다.

그래서 첫 간담회에서 사용한 것은 어이없게도 '고3 지도 경력'이었다. 나에겐 잠을 줄여가며 수능 기출, 모의 기출, 시중 문제집을 분석하느라 밤을 지새웠던 지난날들이 있다. 인기 좋은 인터넷 강사들과 홀로 경쟁하며 당당히도 "학원과 인터넷 강의를 끊어라. 내가 있다." 했던 시절이 있었다. 고3들은 2월부터 수능 때까지 언어영역만 12권 정도의 문제집을 구입한다. 문제집 가격을 나열하고 마지막에 '이젠 엄마한테 말하기도 미안하다.'라고 쓴 한 학생의 낙서를 보았다. 그리고 어떻게 하면 아이들이 돈을 들이지 않고 학교에서 수능을 완벽에 가깝게 대비할 수 있을까에 몰입했다. 유수한 학원가의 커리큘럼도 기웃거렸고, 하루에 한 권씩 문제집을 풀기도 했다. 선착순 일일 자료까지 만들어 배부했으니 인쇄기 옆에 앉은 동료의 피로가 이만저만이 아니었을 것이다. 어느 정도 수능 지도에 가닥을 잡았을 때 의문이 들기 시작했다.

왜 아이들은 언어영역에 대한 모든 내용을 12학년 때 압축을 해서 새로 배워야 하는 걸까? 어리석은 의문이라는 것을 잘 안다. 같은 이론이라도 교사마다 쓰는 용어가 다르고 해석이 다르고 가르치는 방법이 다르다. 또 배운 것은 잊기 마련이고, 알고 있다고 해도 확신하지 못한다. 만일 아이들이 '교사들'이 정리해준 자료로 배우는 것이 아니라 스스로 찾고 이해하여 지식을 소화했다 해도 그랬을까?

고3 아이들에게 물었다.

"만약에 초등학교, 중학교에 다니는 너희 동생이 어떻게 하면 언어영역을, 공부를 잘할 수 있느냐고 물으면 뭐라고 답할래?"

모든 아이들의 답은 한결같았다.

"책을 많이 보라고요."

답을 들을 때마다 알면서 너희는 왜 안 했느냐고 말하며 같이 웃곤 했다. 이 이야기를 첫 학부모 간담회에서 했다. 그리고 글씨는 읽을 수 있되, 내용을 읽어내지 못하는 현재 자녀들의 모습을 구체적으로 하나씩 열거했다. 또 교과서는 교육과정을 구현한 책 가운데 하나임을 열심히 설명했다. 고등학교에서 지도를 하는 참관 교사들도 거들었다. 현재 고등학생의 독해력 수준과 스펙을 이기는 스토리 자체가 없어 자기소개서를 쓰기가 어렵다는 점. 변해가는 대입의 모습. 입학사정관제. 창작을 할 수밖에 없는 추천서. 심지어 중학교에서 내가 출제한 시험문제가 독해 중심의 수능과 어떻게 닮아 있는지까지. 이쯤 되자 학부모들은 민원 제기성 발언을 멈추었다. 토론을 주도했던 아이의 엄마는 수업에 감사했다. 토론 준비로 인한 다른 과목 과제 미흡을 아이의 몰입으로 이해해주었다.

첫 간담회장을 떠올리면 많이 부끄럽다. 그러나 소득은 컸다. 학부모 간담회 이후 수업에 더 마음을 다했다. 아이들 스스로 자기 삶의 스토리를 쌓아갈 수 있도록 어떻게 도울 것인지에 힘을 쓰게 되었다. 다시 '독서 교육'이 무엇인지 거듭 점검했다. 행복한 책읽기 경험을 공유하고자 출판 캠프, 독서 캠프, 저자 만나기, 도서관 탐방, 문학 기행 외에도 독서를 기반으로 한 체험활동을 아이들과 함께 기획하고 실천했다.

학부모와 동료 교사가 비슷하게 묻는 것이 있다. 졸업 후에 대한 염려인데, 내용은 좀 다르다. 학부모의 경우 "고등학교에 가서 적응하기 힘들지 않겠느냐"이고, 동료 교사의 경우 "고등학교 가서도 계속 독서 이후 사회 참여 활동을 하느냐"였다. 나는 자신할 수 없다. 졸업생의 활동까지 챙겨야 하는지에 대해서는 회의적인 데다 그만큼의 시간이 없기도 했다. 그러나 최근 SNS를 통해 졸업생들의 생활을 엿볼 수 있었다. 프로젝트 수업을 받은 수백 명의 학생들 모두가 책을 통해 세상을 만남으로써 자각과 실천을 만들어내는 것은 아니다. 그건 불가능하다. 수업의 경험이 다양한 형태의 고등학교 생활로 이어지고 있다는 얘기는 종종 들려온다. 중학교 때의 활동을 더 심화해서 이어가는 아이도 있고, 동아리에서, 논술 수업에서, 텔레비전을 보다가 등 수업에서의 영감과 자극으로 자기 영역을 개척하는 여러 사례가 보인다.

2013년 독서 캠프를 열었다. 사람 책 대출 분야에서 현재 고등학교 1, 2학년 4명의 '선배'를 강사로 모셨다. '내 인생의 책'이라는 제목으로 열린 릴레이 강연이었다. '선배' 강사들은 중학교 때 책과의 인연, 그리고 세상과의 연결 활동을 설명하고 고등학교에서도 어떻게 이어가고 있는지를 여러 장의 사진과 함께 후배들에게 보여줬다. 아이들은 매우 집중했다. 지역사회 안에서 일어나는 각종 문화 행사에 어떻게 응모하는지, 어떤 책을 읽고 사회 참여 아이디어를 얻었는지, 혼자 할 때의 외로움, 함께할 때의 오달짐, 이 모든 것들이 자신들의 삶에 아름다운 스토리가 됨을 힘주어 말했다. 텔레비전 프로그램의 '강연 100℃'보다 더 뜨거웠다. 이 아이들은 세상에서 '책'으로 더 큰 실천을 하고 있었다.

고등학교에서 중학교로 내려와 아이들과 잘 맞지 않아 맘을 졸인

2010년부터 나를 선생으로 만들어준 그 아이들이 지금 후배들에게 '선생'으로 와 있다. 무대에 서서 멋지게 강의를 하는 아이들과 신기한 듯 바라보고 있는 지금의 많은 아이들을 통해 나의 자각이 아이들의 자각으로, 우리의 실천으로 이어지고 있었다.

지금 아이들도 선배들이 한 것을 보고 기대를 갖는다. 그리고 자신들도 할 수 있을까 의구심을 보이기도 하고, "우리는 안 해요?"라고 볼멘소리로 요청하기도 한다. 수업 시간에 책을 읽은 후 아이들은 묻는다. "이번에는 뭘 하죠?", "이와 관련된 사회 참여 체험학습 기획을 하면 도와주실 건가요?", "이 책 작가 이메일을 알 수가 없어요. 도와주세요.", "인터뷰 요청을 하는데 답이 안 와요. 어떡해요?", "간식이나 상품 없이 영화제를 열려는데 가능할까요? 수완동 사람들이 올까요?"

글을 마치며

더 이상 아이들도 학부모들도 걱정하지 않았다. 물론 포기하고 더 많은 비용으로 선행학습을 한 사람이 있었을지도 모르겠다. 이젠 동료 교사들도 수업 방법이나 재료를 곧잘 묻는다. 그것이 동료들의 수업 변화를 가져왔다고도 말할 수 없다. 그러나 4년 동안 새롭게 얻은 것이 있다. 동료 교사와 나누고, 학생과 대화하고, 학부모를 설득하고, 지역사회의 도움을 받는 과정에서 우리 모두가 독서의 가치를 긍정·수긍·합의했다는 점이다. 그 중심에 독서 교육을 현장에서 실천하는 우리가 있다는 자부심도 생겼다.

중학교 교사 4년. 아이들을 가르치지 않았다. 아이들 덕에 늦깎이 세상 공부 중이다. 아무것도 모른다는 자각만으로 책과 세상 속으로 아이들보다 먼저 뛰어 들어가 보았다. 영국의 독서 교육, 북유럽 교육 탐방, 그간 읽었던 100여 권이 넘는 교육 관련 책들. 그리고 먼저 난 자先生가 되려는 발버둥을 알아챈 세상의 야인들 도움으로 아이들에게 좁은 길이나마 열어줄 수 있었다. 세상 속 좌충우돌. 책의 도움으로, 능동적인 독서로 아이들과 나는 충분히 '자각'하고 있었다. '자각'과 함께 '실천'한 캠페인, 시위, 모금 등이 성과가 있을까 없을까 고민하지 않았다. 책읽기의 행복한 경험으로 싹튼 아이들의 상상이 현실 변화의 밑그림이 될 거라고 믿기 때문이다. 사람들은 종종 왜 이런 수업을 하느냐고 묻는다. 처음 이 질문을 들었을 때는 마땅한 답을 못했다. 지금은 말할 수 있다.

나는 아이들이 총명하고 당당한 사회 구성원이 되기를 바란다. 잘 읽고, 깊이 생각하고, 스스로 판단해서, 옳게 실천하는 사람이 되었으면 좋겠다. 이를 가능하게 하는 가장 좋은 방법은 다시 생각해도 '독서'다.

03

학급 경영

학급 경영에서 반 활동으로

고은자

교사들은 묻곤 한다.
"자치 학급은 어떻게 만들 수 있죠?"
이 물음에는 두 가지 함정이 있다.
자치 학급은 교사가 만들 수 없다는 것.
때문에 '어떻게'라는 방법론적 고민도 할 필요가 없다는 것이다.
그래서 어떤 반 활동으로 어떤 자치 학급을 만들어갈지는
아이들이 결정할 몫이다.

하나. 영원한 첫 만남

영원한 첫 만남!
오늘의 이 설렘을 잊지 않으며, 일 년 동안 더 많이 아끼고 사랑하며 살겠습니다.

아이들과의 첫인사는 늘 이렇게 끝이 난다. 아이들과의 약속이기 전에 스스로의 다짐이기도 하다. 새내기 교사이던 시절, 학급을 담당하는 것은 설렘보다는 걱정이 앞서는 일이었다. 헌내기 교사가 된 지금도 아이들 앞에서 이 끝인사를 건네지만, 그때와는 사뭇 다른 마음이다. 경력이 쌓이면서 익숙한 일이 된 학급 경영과 아이들과의 만남. 이제는 설렐 것도 기대할 것도 없는 그저 그런 일상 중의 하나가 되었다. 그래서 이제 이 인사말은 무뎌지는 스스로에 대한 채찍이 되었다.

누구나 처음은 서툴고 어설프지만, 열정 하나만큼은 주변을 다 태우고도 남는다. 그 시절 나 또한 그랬다. 며칠을 고민하며 아이들에게 줄 자료와 영상을 만들고, 일일이 잘라 만든 좌석표를 책상에 붙이며 기분 좋은 긴장감으로 들떠 있곤 했다. 행여 아이들한테 초짜인 티라도 날까 시나리오까지 써가며 인사말을 되뇌었다. 지금이야 몇 년간의 노하우가 응축된 '절대 파일'을 열어 몇 자 바꾸기만 하면 되는 기술 좋은 교사가 되었지만 그 시절을 생각하면 가슴 한편이 선선해진다. 치열한 뜨거움과 맞바꾼 능숙함은 나를 부끄럽게도 한다.

사실, 그간의 경력이 남긴 것이 '절대 파일'만은 아니다. 예전만큼 새로울 것은 없지만 여전히 나는 한 해 아이들과의 살림을 고민하며 말뿐인 반성도 한다. 여러 해의 보이지 않는 고민과 반성이 모여 적어도 '부끄러움'으로 괴로워하는 교사가 되었다. 새내기 시절 엄두도 낼 수 없었던 '노하우'라는 것이 나에게도 생겼지만, 여전히 원점의 언저리를 벗어나지 못하는 내게 묻곤 한다. 왜 학급 경영이 필요한가? 학급 경영을 통해 무엇을 얻고자 하는가?

이상을 잃지 않으려고 버텼던 몇몇 위대한 인물에 대해 우리는 이렇게 말하곤 한다. "그는 정말로 주체적인 삶을 살았다."고. 주체적으로 살았다는 것은 무슨 뜻일까? 무엇보다 먼저 그것은 주인으로서 살았다는 것, 바꾸어 말하자면 노예처럼 살지 않았다는 것을 의미한다. 한마디로 주체는 자유인이라는 것이다. 그러나 불행히도 주변을 돌아보면 주인으로서의 자유로운 삶을 당당하게 영유하는 사람들은 별로 눈에 띄지 않는다.

사실 아주 극소수의 사람만이 '주체'라는 말에 걸맞은 삶을 살아가고 있을 뿐이다. 그렇기 때문에 "주체적으로 살았다."는 표현은 인간에게 부여할 수 있는 최고의 찬사일 수 있다. 이것은 역으로 주체적으로 사는 것이 얼마나 어려운 일인지 말해준다.

_강신주, 『철학이 필요한 시간』

몇몇 위대한 인물들에게만 허락되었다는 '주체적인 삶.' 감히 나는 아이들에게 스스로의 삶을 결정하고 이끌어나가는 주체적인 삶의 태도를 알려주고 싶었다. 이는 나의 교육철학이기도 하지만 학급 경영의 제1목표이기도 했다. 교육의 장에서 배움이 일어났다면 학교를 떠나서도, 교사를 떠나서도 선택의 자유가 막막하지 않아야 하고 삶에 대한 욕망이 곧 즐거움이 되어야 한다.

수능이 끝난 고3 교실. 실패와 성공의 치열한 전투에서 돌아온 아이들은 의문의 무력감에 휩싸인다. 수능만 끝나면 실컷 읽고 싶은 책을 읽겠다던, 가고 싶은 곳을 친구와 여행하겠다던, 바리스타 자격증을 따서 직접 커피를 내려 마시겠다던 아이들이었다. 수능만 끝나면…… 수능만 끝나면…… 하기 싫었던 공부가 아니라, 하고 싶었던 일들을 마음껏 하겠다고 벼르던 아이들이었다. 그러나 수능이 끝난지 한 달여가 지나가지만 아이들은 아무것도 하지 않은 채 여전히 그 자리에 섰다. 학교 안에서도 학교 밖에서도, 그 두터운 무력감의 벽을 깨지 못한다. 시험도 없는데, 감시하는 사람도 없는데 아이들은 아무

것도 하지 않는다.

그렇게 대학에 간 아이들은 자신에게 허락된 자유의 시간이 막막하고, 허허벌판에 혼자 서 있는 것 같은 외로움마저 든다고 했다. 선생님이 지시하고 명령하지 않으니 무엇을 해야 할지 모르겠다고도 했다. 선택의 기회가 부족했던 아이들은 이런 순간이 낯설었고, 스스로 해결해야 하는 많은 결정 앞에 두려움이 앞섰다. 12년 동안 그랬던 것처럼 아이들은 또 시험과 취업에 쫓겨 정신없이 달려갈 테지만 여전히 주체적 사유와 고민이 익숙하지 않은 채이다. 자유와 선택이 낯설지 않은 주체적 개인과 상생의 따뜻함을 아는 공동체를 길러내는 것. 그렇게 나와 아이들의 학급살이가 시작되었다.

둘, 스스로 서기

1. 시간의 주인 되기: 스케줄러 작성

첫 담임을 준비하면서 야심차게 학급 경영 모임을 만들었다. 이름하야 '아담꿈(아름다운 담임을 꿈꾸는 사람들).' 방학임에도 불구하고 아홉 명의 담임교사는 학급 경영에 대한 새로운 아이디어를 고안하기 위해 고군분투했다. 그 결과 아이들의 생활 습관을 바로잡고 자기주도적 학습 능력을 신장시키기 위해 '아우르기 공책'이라는 스케줄러 책자를 제작했다. 아이들은 아침 시간을 이용해서 하루 일과 및 학습 계획을 세우고 이것의 실천 여부를 체크한다. 읽은 책의 인상 깊은 구절을 기록하거나 전달 사항과 과제를 메모하는 난도 있다. 또한 하루를 되돌아보는 '오늘의 발자국'도 적어서 차분히 생각하고 글을 쓰는 일에 익숙해지도록 했다. 이렇게 매일 스케줄러를 작성해서 제출하면 담임교사가 확인하고 답글을 통해 개인 상담까지 병행했다.

아이들은 자신의 삶을 사는 것, 자신의 하루를 사는 것에 대해 고민하지 않았다. 다람쥐 쳇바퀴보다 더 지루한 일상이 늘 대기하고 있었고, 잠깐 틈이라도 날라치면 마치 기다리기라도 한 듯 과제와 시험이 넘쳐났으니 말이다. 그런 아이들에게 온전히 자신에게 집중할 시간이 필요했다. 그래서 아침 자율학습 시간에 스케줄러를 작성하도록 했다. 나의 하루를 떠올려보고 주어진 시간을 어떻게 쓸지 결정하면서, 삶의 주체로 바로 서길 바랐다. 또한 쉼 없이 쫓기기만 하는 아이들에게 '생각'이라는 것을 할 여유를 주고 싶었다. 자신이 무엇을 원하는지를 고민하고 삶을 꾸려가는 재미를 느끼게 해주고 싶었다. 실상 하루 중 아이들에게 허락된 시간은 많지 않았다. 그래서 더 치열하게, 더 간절하게 그 시간에 무엇을 할 것인지를 고민했다.

익숙하지 않은 것에 익숙해지기까지는 많은 진통이 필요했다. 내가 의도했던 대로 많은 아이들이 스케줄러를 정리하면서 시간 관리 능력이 늘어났고 성적도 향상되었다. 또한 '오늘의 발자국' 몇 줄만 보더라도 아이들의 생각이 풍성해지고 있음을 확인할 수 있었다. 그러나 그에 못지않게 많은 아이들에게 스케줄러는 밀려 쓰는 일기처럼 귀찮은 일이기도 했다. 특히 한창 뛰어노는 일에 바빴던 남학생들에게 매일 빼곡하게 정리해야 하는 스케줄러는 가혹한 형벌과도 같았다. 틈만 나면 "선생님, 이거 안 쓰면 안 돼요?", "선생님, 이거 왜 해요?" 등과 같이 담임교사를 질책하는 투정들을 쏟아냈다.

그럼에도 열정이 넘쳐나던 담임교사는 습관이 되기까지의 힘든 과정이라며 아이들을 다독이고 스케줄러 검사하는 일에 더욱 매진했다. 그러다 보니 나 또한 40권이 넘는 스케줄러를 확인하고 일일이 답글을 달다 보면 10시가 다 되어서 퇴근하는 일이 비일비재했다. 스케줄러를 쓰는 아이들도 힘들었지만, 담임교사인 나 또한 곡소리가 절로 나는 일이 되었다.

옛말에 좋은 약은 입에 쓰다고 했다. 그러나 아무리 좋은 약이라도 아이들은 쓰면 먹으려고 하지 않는다. 나아가 먹는 과정 자체가 고역이라면 건강은 얻을지언정 진정한 치유의 과정이라 말할 수 없다. 사고력 신장이니 자기 주도적 학습 능력이니 하며 아이들은 입에도 대기 싫어하는 쓰디쓴 약을 억지로 먹이려다 보니 탈이 나는 게 당연했다. 제일 좋은 약이 모두에게 좋은 약이 될 수는 없는 법이다. 먼저 어디가 아픈지, 어떤 걸 싫어하는지, 어떻게 처방해야 하는지 잘 살폈어야 했다. 약사가 아니라 환자가 먹을 약을 지었어야 했는데, 약사가 좋은 약이랍시고 지어놓고 무조건 먹으라고 강요한 꼴이 된 것이다.

중학교 일 학년은 뛰어다니기 좋아하며, 어딜 가나 시끌벅적 떠들길 좋아한다. 수업 과제는 곧잘 깜빡하고, 연필 들고 적는 걸 무엇보

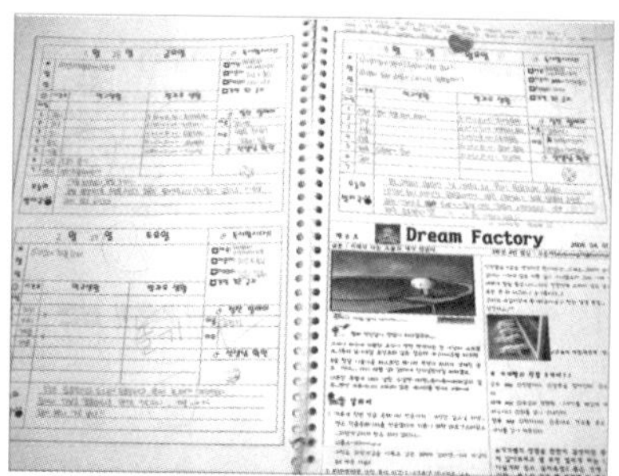

다 귀찮아한다. 그래서 문제인 것이 아니라 그런 시기인 것이다. 그런데 나는 그런 아이들을 산만하고 집중력이 부족한 게 문제라며, 계획을 세우고 글을 쓰면서 차분해져야 한다고 생각했다. 그러지 않는 것이 아니라 그럴 수 없는 아이들에게 빼곡한 칸의 스케줄러를 주고 채워 넣으라고 했으니 이 얼마나 아픈 일이었겠는가? 물론 그런 과정 속에 발전이 있고 성장이 있을 테지만 교사는 아이들에게 좀 더 친절해야 했다. 하지 않는 아이들을 다그칠 것이 아니라 할 수 있도록 만들어주어야 했다. 더욱이 내가 의도했던 자율적 사유라는 측면에 비춰 본다면 스케줄러를 앞에 둔 그 고민의 시간 자체를 존중해야 했다. 무엇이 그 안에 적혀 있든 무심히 지나치지 않고 하루를, 한 시간을, 십 분을 두고 고민했다면 그것만으로도 충분한 의미가 있었다.

내가 간과한 또 한 가지는 아이들이 가진 자율성이었다. 획일적인 칸을 그어놓고 정해진 내용만을 써야 한다는 것이 아이들한테는 지루한 일이었을 것이다. 거기다 칸을 다 채워야만 검사를 해주는 담임교사의 존재는 얼마나 숨 막혔을까. 스케줄러 쓰는 것마저 모범답안을 정해놓아야 직성이 풀리는 담임교사의 우등생 근성이 아이들을 괴롭힌 것이다. 교사가 생각하는 대로만 할 필요는 없다. 나아가 우리 아이들은 내 머리에서 나오지 않는 기상천외한 방법으로 더 잘해내는 녀석들인 것을. 고작 하나의 틀을 정해놓고 40명에게 '모두 나를 따르라!' 했으니 이 얼마나 답답한 일이었겠는가.

그래서 요즘엔 시간 계획을 세워 생활했으면 좋겠다는 것만 얘기하고 여러 가지 스케줄러 예시안을 게시해둘 뿐이다. 스케줄러를 쓸 것인지 말 것인지부터 모두 본인의 선택에 맡긴다. 정해진 틀이나 형식 따윈 없다. 간단히 써도 되고 그림으로 그려도 좋다. 나는 아이들이 선택할 수 있는 몇 가지 안을 제시할 뿐이고 나머지는 모두 아이들에게 달려 있다. 아이들이 궁금해하는 사항이 있으면 답해주고, 도움을 요청하면 함께 살펴볼 뿐이다. 때로는 교사의 검사와 확인을 일부러 요청하는 아이들도 있다. 그러면 그런 아이들은 꾸준히 자신과의 약속을 지킬 수 있도록 기꺼이 검사하는 수고도 마다하지 않는다.

2. 주체적 자기 인식: 개인 상담

교실에 들어서면 각자의 번호를 단 아이들이 제자리를 지키고 있다. 1번부터 40번까지. 아침 조회 시간은 아이들 얼굴 한번 둘러보기에도 짧다. 그러다 보니 비좁은 교실에서 아이들이 각자의 존재를 드러내는 일은 쉽지 않다. 특히나 경쟁 일변도의 현실에서 앞서 가지 못하는 아이들은 하루 종일 이름 한번 불리지 못한다. 많은 아이들이 있는 듯 없는 듯 조용히 지내는 일에 익숙해지고, 학급에서 자신의 목소리를 내는 것이 어색하다. 실체는 있지만 존재가 없는. 그렇게 개개인의 존재가 희미한 풍경이 익숙해진다.

아이들은 교사가 온전히 자신에게만 귀 기울이고 에너지를 집중하는 시간을 바랐다. 공동체 속에 휩쓸려 드러내지 못하는 자신만의 이야기를 하고 싶어 했다. 그도 그럴 것이 학업 스트레스, 진로 선택, 친구 문제 등 가장 고민이 많은 시기이니 어디든 분출구가 필요했을 것이다. 가뜩이나 학교에 오면 대부분의 시간을 남의 말을 듣는 데 보내고 있으니 그 답답한 심정이 오죽했으랴. 특히 고등학교에 근무하며 마주한 학생들의 현실은 금방이라도 터져버릴 듯 잔뜩 곪아 있었다. 당장이라도 뿌리가 뽑힐 듯 흔들리며 피어 있는 그 꽃들의 이야기를 듣지 않을 수 없었다. 그래서 연간 상담 계획을 세우고, 상담 신청서를 받았다. 그러고는 비장한 각오로 매일 늦은 시간까지 남아 상담을 시작했다. 학급 총원 43명. 한 명당 상담 시간 약 1시간 소요. 입에 침이 마르게 아무리 속도를 내도 하루에 4명 채우기가 힘들었다. 이렇게 1차 상담을 한 달 만에 끝내고 2차 상담에 들어갔다. 2차 상담은 진로 계획을 주제로 진행되었고, 이후 3차와 4차 상담은 모두 학교생활과 성적에 관한 것이었다.

이렇게 아이들과 시간을 보내고 나니 교탁 앞에 섰을 때 보이지 않던 아이들 하나하나가 보이기 시작했다. 아침에 아이들의 안색을 살피는 것만으로도 그날의 컨디션을 알 수 있게 되었고, 말하지 않아도 아이들을 이해할 수 있는 부분이 많아졌다. 우리 반은 누구나 선생님과 단둘만의 비밀 이야기를 간직하게 되었고, 그것만으로도 아이들은 자신이 특별한 존재라고 느꼈다. 모두가 공평하게 선생님의 사랑과 관심을 받고 있다고 생각하니, 편애에 대한 신경전이 사라졌고 개개인이 존중받는다는 생각을 하게 되었다.

상담의 혜택은 아이들보다 나에게 더 크게 다가왔다. 종이를 보고 외우려면 엄두도 나지 않던 43명이나 되는 아이들의 성격, 특성, 주의할 점 등이 머릿속에 속속 들어왔다. 아는 만큼 보인다고 했던가. 아이들을 알게 되니 그들의 이야기가 들렸고, 그들의 이야기를 들으니 마음이 느껴지기 시작했다. 아이들은 자신만의 삶의 이야기로 나를 감동시켰고, 나를 깨우치기도 했다. 책에서 글로만 배웠던, 교사가 으레 짐작했던 이야기가 아니라 아이들의 '진짜' 이야기를 들으면서 나를 가뒀던 많은 틀을 깰 수 있었다. 신이 인간에게 입은 한 개를, 귀는 두 개를 주신 이유를 다시 한 번 절감하며 때로는 들어주는 것만으로도 큰 치유의 힘을 발휘한다는 것을 알았다.

특히나 여린 감수성에 고된 학교생활을 견뎌야 하는 여고생들은 참 많은 걱정과 고민을 가지고 있었다. 사소한 일도 툴툴 털어버리지 못하는 성격의 아이들이 많은지라 속내를 터놓는 것마저도 처음엔 무척 어려워했다. 20년도 채 되지 않는 인생이지만, 그들은 참 많은 굴곡과 상처들을 안고 있었다. 아침부터 밤 10시까지 꼬박 학교에 청춘을 바쳐야 하는 아이들에게 내가 해줄 수 있는 일은 고작 이야기를 들어주는 것뿐이었다. 하지만 그것이야말로 마음이 지쳐 있던 아이들에게 가장 절실한 것이었다. 누군가 자신의 손을 잡아주고 아픔의 순간을 함께한다는 생각만으로도 많은 위로가 된다고 했다. 굳이 아이들에게 해법을 제시하지 않아도 그들의 얘기에 귀 기울이다 보면 모든 답이 그 안에 들어 있음을 알 수 있다. 그래서 상담에 임하는 교사는 될 수 있으면 입을 닫고 귀를 열어야 한다.

물론 개인 상담을 하며 개선할 점도 많았다. 먼저 상담 소요 시간이 너무 많이 걸린다는 점을 생각해봐야 한다. 여건이 된다면 개개인에게 충분한 시간을 할애하는 것이 좋지만 40명이 넘는 학급 인원수를 고려했을 때 적정한 시간 안배가 필요하다. 1인당 상담 시간이 너무 길어지면 상담 일정에 차질이 생기고, 무엇보다 담임교사가 상담을 지속하기가 힘들어진다. 한 번을 오래 만나는 것보다 짧더라도 자주 대면하는 것이 좋다. 특히 아이들은 때마다 고민이 달라지기 때문에 시의성을 고려하여 수시로 만나는 것이 필요하다. 실제로 학생 1인당 1시간 가까이 상담을 하다 보니 전체 상담이 끝나는 데 너무 오랜 시간이 걸렸고, 다른 학교 일과 상담을 병행하는 것이 힘들었다. 개인 상담은 한 번 하고 끝나는 일회성 행사가 아니므로 연간 계획을 세우고 꾸준히 실천하는 것이 좋다.

또한 개인의 사적 문제에 지나치게 치중하기보다는 학업 및 진학 상담과 균형을 유지해야 한다. 들여다보면 아이들은 각자의 사연이 있고, 친구 문제, 이성 문제, 가정 문제 등으로 괴로워한다. 이런 얘기를 들으며 공감대를 형성하는 것도 중요하지만 여기서 한 발 나아가 발전적인 개인 상담이 되려면 진로 상담도 이뤄져야 한다. 특히 고등학생들은 성적이나 진학에 대한 고민이 많다. 이런 얘기는 그냥 들어주는 것만으로는 충분하지 않다. 진로 교육에 관한 풍부한 경험과 지식을 바탕으로 학생들에게 전문적인 조언을 해주어야 한다. 의외로 고등학생들은 막연한 불안감만 있을 뿐 입시에 대한 구체적 정보를 많이 알지 못한다. 이것은 고등학교 근무 경험이 없는 교사도 마찬가지이다. 그러므로 여러 가지 자료를 뒤적이며 아이들에게 적합한 학습 방법도 연구하고, 최신 입시 정보를 얻기 위해 선배 교사에게 자문도 구해야 한다. 최근 입시는 매우 다양화되고 전형 선택의 폭도 넓어졌기 때문에 교사가 모든 학생의 진로 정보를 꿰뚫을 수 없다. 그러므로 교사가 모든 대학의 입시 정보를 알아야 한다는 부담감은 버려야 한다. 교사는 양질의 정보를 탐색하고 제공해줄 수는 있지만 결국 선택은 학생들의 몫이므로. 단, 성적과 입시에 관한 상담은 개인 상담의 큰 축을 차지하므로 이에 대한 만반의 준비가 되어 있어야 한다.

아이들은 살면서 '자신'을 주제로 이야기해본 적이 별로 없다. 그래서 '자신'에 대해 이야기하고, '자신'의 감정을 터놓는 시간을 낯설지만 좋아했다. 이 시간을 통해 '자신'에 대해 고민하고, '자신'에 대해 더 잘 이해할 수 있게 되었다. 아울러 '자신'이 얼마나 소중한 존재이고 존중받아 마땅한 사람인지를 깨달았다. 그래서 개인 상담을 한다는 것은 학급에서 개인을 오롯이 바로 세우는 기회가 된다. 또한 삶의 주체로서 자신을 인식하고 자존감을 높이게 된다. '우리'의 이야기만큼 '나'의 이야기도 중요하다는 것을 상담을 통해 확인하는 것이다.

3. 자치 공동체: 1인 1역할, 학생이 이끄는 조/종례, 학급 내규

학년 초면 학급 임원과 각 부서장을 선출한다. 우리 학급은 부서장 선출이 임원 선출만큼이나 중요하다. 각 부서장을 희망하는 학생은 자신의 부서에서 하고 싶은 일에 대한 계획과 포부를 담아 선거 벽보를 부착한다. 그러면 다른 학생들은 선거 벽보를 보고 부서장 투표를 하고, 자신이 가입하고 싶은 부서도 정한다. 이후 '1인 1역할' 신청서를 배부한다. 희망 부서를 고려하여 자신이 일 년 동안 학급을 위해 할 수 있는 일을 한 가지씩 적어서 신청하면, 이를 토대로 40명의 '1인 1역할'이 결정된다. 뿐만 아니라 '학생이 이끄는 조/종례'라고 하여 학생들이 돌아가며 조/종례 시간을 맡아 운영했다. 담임교사가 전달 사항을 미리 알려주면 아이들이 준비한 특색 있는 이야기와 형식으로 조/종례가 진행됐다. 어떤 아이는 통기타 연주에 맞춰 시를 낭송했고, 인기 많은 개그맨을 성대모사해서 안내 사항을 전달하는 아이도 있었다.

또한 회의를 통해 학급 내규와 그에 대한 상벌점 규정도 만들었다. 수업 태도, 청소, 폭력, 욕설, 군것질 등에 관한 규칙이 정해졌으며, 이를 관할하는 부서도 선정되었다. 상점을 부여받은 학생은 그 달의 모범 학생으로 추천되었으며, 벌점이 높은 학생은 '달게 받는 벌'이라는 글쓰기 활동을 해야 했다. 일단 이렇게 정해진 내규는 실천하면서 문제가 드러나면 수시로 회의를 거쳐 수정해갔다. 특히 벌금과 벌청소에 관한 논의는 늘 첨예한 의견 대립을 보였고, 무엇이 더 좋고 나쁜지는 아이들이 직접 체득하며 결정했다. 공동체 유지를 위해 최소한의 규칙이 필요하다는 것에는 동의했지만, 그 과정에서 극복해야 하는 많은 한계점이 있었다.

담임교사가 일괄하는 독재형의 학급 운영은 내가 가장 경계하는 모습이다. 학급의 주체를 담임으로 세우고 보면 학급 경영의 대부분은 시혜적 활동이 되고 만다. 더 좋은 것과 더 많은 것을 누리는 '좋은' 학급은 될 수 있지만 그 가운데 아이들의 자리는 없다. 교사가 아니라 학생들이 활동하는 것이기 때문에, 학급 생활에 모두가 참여하는 것이기 때문에, '자치'라고 이름 붙일 수 있다는 생각도 큰 오산이다. 그렇기 때문에 '자치'는 결과가 어떻든 학생들의 자발적 동기와 요구에서 비롯되어야 한다. 죽이 되든 밥이 되든, 아이들 스스로의 필요에 의해 머리를 모으고 그것을 구현하는 데 의미가 있는 것이다. 체육대회나 축제를 앞두고 일사불란하게 움직이던 아이들을 생각해보라. 모두가 발 벗고 나서 각자가 맡은 일을 해내던 아이들은 신명나게 움직였다. 그러다가 싸우기도 하고, 토라지기도 했지만, 그마저도 상처가 아물 듯 자연스럽게 치유해가는 과정을 통해 아이들은 성장했다. 물론 학교 일이 체육대회나 축제처럼 늘 신나는 일만 있을 수는 없지만, 적어도 아이들의 자발적 동기에서 출발한 일은 '행복한' 아이들을 만들어냈다.

교사 혼자 발을 동동거리며 모두 떠안지 않아도 아이들은 '스스로'를 행복하게 만들고 성장시킬 수 있다. 그래서 결과가 아니라 시작점에 주목해야 한다. 아이들 스스로가 문제의식을 갖고, 아이들 스스로 머리를 맞댈 수 있게 기다려주어야 한다. 어쩌면 아이들에게 진짜 필요한 것은 교사의 좋은 기술이 아니라, 온전히 자신들에게 믿고 맡겨진 시간이었을지 모른다. 교사가 생각하는 정도定道가 아니라 해낼 수 있으리라는 절대적 믿음과 결과를 평가하지 않고 기다려줄 인내심 말이다.

셋, 함께 걷기

1. 친밀감 형성하기: 사랑의 약 만들기, 스승의 날 이벤트

학교생활 중 아이들이 가장 마음 힘든 날은 아마도 시험 보는 날일 것이다. 일등이든 꼴등이든, 시험은 그 나름대로의 스트레스를 준다. 그래서 아이들은 시험이라는 시간 자체를 피하고 싶은 괴로운 순간으로 꼽는다. 이런 아이들을 지켜보며 마음으로나마 응원하고 싶어 시작한 것이 '사랑의 약 만들기'이다. 시험 날짜에 맞게 약포지를 준비하고 약포지 위에 라벨지로 출력한 응원 문구를 붙인다. 초콜릿, 캐러멜, 견과류 등 각종 알약을 준비하여 넣고, 입구를 다리미로 살짝 눌러주면 완성된다. 이것과 함께 아이들 각자에게 짧은 편지를 써서 붙인 수성 사인펜도 함께 준비한다. 시험 날 아침 잔뜩 긴장하고 있는 아이들에게 준비한 것들을 전하며 어깨를 토닥여준

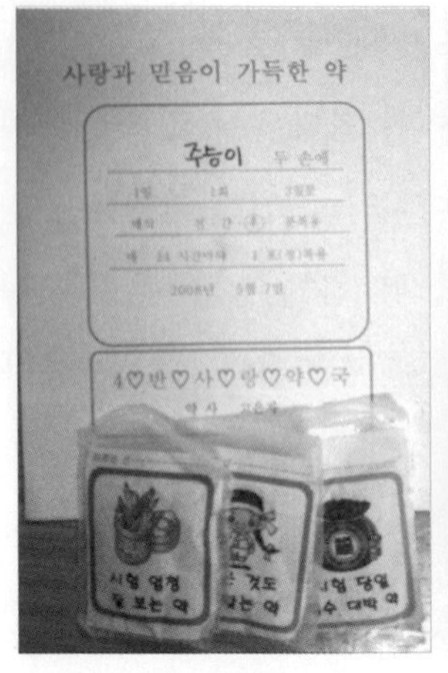

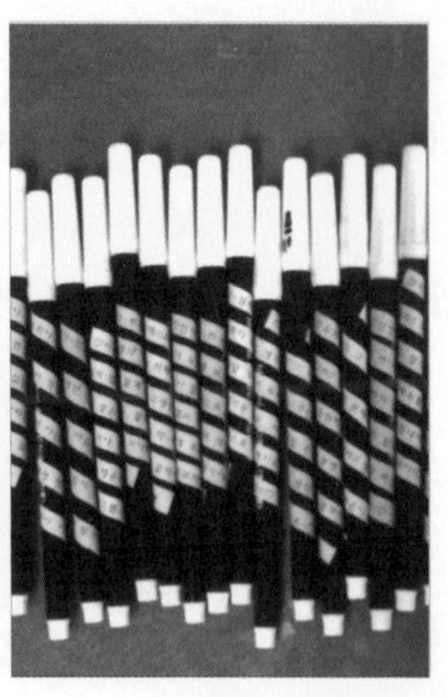

다. 그러면 아이들은 '공부한 것 다 기억나는 약', '친구랑 나랑 성적 오르는 약', '시험 점수 대박 나는 약', '찍은 것도 다 맞는 약' 중에서 하나를 고르며 잠시나마 불안감을 내려놓는다. 그날만은 열 마디 말보다 한 번의 눈 맞춤이 더 힘이 된다는 걸 알기에 별다른 훈화는 없다.

물론 이 약을 먹는다고 해서 라벨지에 쓴 것처럼 정말로 시험 대박이 나거나, 찍은 것이 다 맞는 행운이 따르는 것은 아니다. 그러나 시험을 앞두고 가장 힘든 순간, 그 마음을 알아주는 선생님이 있다는 것을 말해주고 싶었다. 기쁨은 나누면 배가 되고 슬픔을 나누면 반이 된다고 하니, 자신들의 마음을 알아주는 것만으로도 아이들은 힘이 났을 것이다. 아니나 다를까 시험이 끝나면 선생님이 만든 약은 효과가 하나도 없다는 둥, 약 부작용 때문에 살이 쪘다는 둥 귀여운 투정을 쏟아낸다. 이렇게 시험이라는 한 고비를 넘기며, 우리는 함께 웃을 수 있는 추억 하나를 또 만들어간다.

어떤 선생님은 그 귀찮은 걸 챙기다니 대단하다고들 하신다. 그러면 나는 귀찮기는 하지만 어려운 일은 아니니 다음에는 함께하자고 방법을 알려드리곤 한다. 그런데 정말 '귀찮은' 일이었는지 나와 같은 불법 약사는 또 생겨나지 않았다. '마음'이라는 것은 드러내 보이지 않으면 귀신의 할아비라도 알 수가 없다. 내가 아무리 우리 아이들을 사랑하더라도 표현하지 않으면 그 속을 알 수가 없다. 그래서 다소 귀찮더라도, 다소 오글거리더라도 교사가 먼저 시작해야 한다. 그런 측면에서 보면 시험 날 하는 이런 이벤트는 노력 대비 효과가 만점이다. 실제로 학급 경영 평가서를 받아보면 심혈을 기울였던 많은 교육 활동을 제치고, '사랑의 약'과 '사랑의 수성 사인펜'이 최고 점수를 받는다. 아이들은 자신의 마음을 알아주려는 선생님의 노력과 밤새 일일이 오리고 붙였을 그 정성에 감동하는 것이다. 별것 아닌 이런 사소한 이벤트로 마음을 표현하다 보면, 아이들에게 사랑한다는 말을 건네는 것이 어색하지 않은 순간이 온다. 또한 늘 교사로부터 사랑받고 있음을 확신하는 아이들은 학교 오는 것이 더 편안하고 행복해진다.

아이들과 끈끈한 사이가 되면 괴이한 현상도 나타난다. 열 번을 훈화해도 고치지 않던 행동을 눈빛 한 번에 바로잡기도 하고, 꺼내기 힘든 얘기도 스스럼없이 터놓곤 한다. 나그네의 옷을 벗겼던 해님 이야기처럼 따뜻한 마음으로 다가가자 많은 변화가 시작되었다. 교사와의 긍정적 관계만으로도 아이들은 심적 안정감을 느끼고, 스스로 더 나은 학교생활을 위해 행동하기 시작한다. 왠지 모르게 어렵기만 했던 선생님과의 벽이 허물어지고 나면 학급 공동체의 분위기는 한결 따뜻해진다.

이번엔 아이들 차례다. 선생님도 오글거리는 마음을 보여줬으니 녀석들에게도 표현할 기회를 준다. 그래서 매년 5월 15일이 되면 우리 학급은 스승의 날 행사로 소란스럽다. 스승과 제자가 마음을 나누는 일이 어색해진 요즘, 버젓이 담임교사가 나서서 스승의 날을 기념하는 행사를 여는 것이다.

이 행사는 스승의 날이 있는 한 주 동안 진행된다. 그간의 교육 활동을 수업과 학급 경영 분야로 나누어 평가하는 설문 조사를 실시하고, 일주일간 교내 선생님을 찾아뵙고 감사의 마음을 표현하는 '마음 상품권'을 발행한다. '스승의 날 삼행시 짓기 콘테스트'를 열고, '감사의 선물 뽑기 및 증정식'도 한다. 특히 선물 증정식은 뭐든지 받는 것에만 익숙하고 주는 것에 인색한 요즘 아이들에게 감사하는 마음을 갖고 이를 표현하는 법을 가르치는 것이 필요하다는 생각에서 시작한 행사이다. 교사가 받고 싶은 10여 가지의 선물 중 무작위 추첨을 통해 아이들 스스로 선물을 마련하고, 이를 스승의 날에 증정하며 기념사진도 찍는다. 내가 주로 제시하는 선물 목록은 다음과 같다.

• 선생님 칭찬 열 가지 적어 오기
• 노래 불러주기(1절만, 팀 구성 가능)

• 흰 분필 10개 싸 오기

• 춤추기(팀 구성 가능)

• 샘 캐릭터 그리기

• 달콤한 초콜릿 한 개

• 안마해주기(5분)

• 사랑의 비스킷 한 개

• 500원 이내의 자유 선물

• 형광펜 한 개

• 귀여운 양말 한 켤레(500원짜리)

• 성대모사

모두들 쉬쉬하는 스승의 날에 당당히 선물을 가져오라는 이상한 선생님을 이해시키려면 충분한 설명이 필요했다. 혹여 교육적 의도가 퇴색되거나 아이들이 선물을 마련하는 것에 부담을 느껴서는 안 되므로 가정의 협조를 구하는 것 또한 중요했다. 다음은 스승의 날에 발송된 가정통신문의 일부분이다.

> 아울러 스승의 날을 맞이하여 특별히 부탁 말씀을 드리고자 합니다. 본래 스승의 날은 선생님의 고마움을 마음에 새겨보고자 정한 날인데, 요즘은 어찌 된 셈인지 '선물하는 날'로 굳어져가는 듯하여 마음이 무겁습니다.
>
> 이런 고민이 다만 저만의 것은 아니라고 생각합니다. 그래서 스승의

날에는 어떠한 꽃이나 작은 선물도 받지 않기로 했습니다. 어린 시절부터 선생님이 꿈이었던 저에게는, 예쁘게 길러주신 아이들이 가장 값진 선물이라 생각하며 지내고 있습니다. 또한 가정형편상 작은 선물을 주고 싶어도 못 주는 아이들의 상처도 크게 생각해주셨으면 합니다. 별것도 아닌 걸 가지고 괜히 유난을 떠는 것 같아 죄송스럽지만 이해해주시리라 믿습니다.

해마다 반복되는 스승의 날의 고민을 해결하고자 학급 이벤트를 열었지만, 이를 통해 많은 것을 느낄 수 있었다. 교실에서 이루어지는 모든 활동에는 배움이 있어야 한다. 작은 행사를 통해 말로는 전할 수 없는 더 많은 가르침을 아이들은 몸소 느꼈다. 스승의 날이 되면 아직도 많은 학부모와 학생들은 애매한 고민에 빠진다. 그냥 지나치자니 '혹시 선물 안 줬다고 우리 아이만 미워하는 거 아니야?' 하는 걱정이 들고, 작은 선물이라도 건네려니 '요즘이 어느 때인데, 괜히 창피 사는 건 아닐까?' 하는 절체절명의 갈등에 봉착하는 것이다. 난감한 건 교사도 마찬가지이다. 해마다 반복되는 유난스러운 파티에 깜짝 놀라는 '척'하고 노래가 끝나면 감동의 눈물이라도 짜내야 할 것 같은 분위기 탓에 애로가 많다. 모두가 즐겁지 않은 스승의 날. 그 불편한 역학관계를 작은 이벤트로 유쾌하게 풀어 마음 나누는 것의 즐거움을 느낀다. 이런 경험을 통해 마음 표현하는 일이 더 이상 어색하지 않게 되자 우리 학급은 비로소 찐한 사이가 되었다.

2. 상호 존중감 높이기: 칭찬 릴레이, 생일 축하, 학급 테마 소풍

일반적으로 학급은 성적이나 성별과 같은 양적 기준으로 편성된다. 그러다 보니 학급 구성원 간의 동질감이 낮아 이질적 간극을 좁히기 위한 노력이 필요하다. 소외되는 친구 없이 우호적인 분위기를 형성할 수 있도록 상호 이해의 기회를 다양하게 마련해야 한다.

> 하루하루 내 앞길 헤쳐 나가기에 급급하다 보니 아이들은 친구를 돌아볼 겨를이 없다. 그러다 보니 '너는 너, 나는 나'가 당연한 일이 된다. 그래서 학급 구성원 한 명 한 명에게 관심을 갖고 상호 이해의 깊이를 더하기 위해 '칭찬 릴레이'를 시작했다. 하루에 학생 한 명을 선정하고, 다른 친구들은 하루 동안 해당 학생의 칭찬거리를 찾아 기록한다. 종례 시간에 칭찬 내용을 발표하며 함께 이야기한다. 일 년 동안 친하게 지내는 친구 몇몇을 제외하면 이름 부를 기회마저도 많지 않은 게 사실이다. 때문에 '칭찬 릴레이'를 통해 말 한마디 나누지 못한 친구에게 관심을 갖고, 눈빛을 마주치며 긍정적 관계를 확대할 수 있다. 무관심이 습관이었던 아이들은 '칭찬 릴레이'를 진행하면서 친구의 이름 부르는 일이, 친구의 장점 찾는 일이 더 이상 어렵지 않았다.

'칭찬 릴레이'와 같은 일상의 경험만으로도 공동체 의식을 신장시키고, 상호 존중에 대한 긍정적 믿음을 줄 수 있다. 특히 학급은 소수 '잘나가는 애들'과 그를 위한 다수의 '들러리' 집단으로 양분되기 쉽기 때문에 이에 대한 세심한 배려가 필요하다. 특히 학급에는 남의 이목을 끌지 못하는 존재감 없는 학생들이 많다. 이들을 학급의 중심으로 끌어안고, 특정인이 아닌 '모두'의 학급이라는 인식 전환이 필요하다. 그렇지 않으면 다수의 아이들은 스스로를 공동체에서 소외시키며 '우리 학급'이라는 인식을 하지 않는다. '칭찬 릴레이'를 하면 하루 동안 칠판에 자신의 이름이 쓰여 있고, 모든 친구들이 자신에게 관심을 갖는다. 한 번도 친구들 앞에 나서보거나 앞장서본 적이 없지만 이날만은 주인공이 되는 것이다. 이런 경험을 통해 아이들은 동등하게 존중받기 시작하고 상호 존중에 대한 긍정적 믿음을 갖게 된다. 같은 맥락으로 탄생일 축하 파티도 이뤄진다. 생일을 맞은 아이는 교실 앞문으로 입장하여 친구들이 쓴 편지를 받고, 축하 노래를 듣는다. 생일자의 소감 발표가 끝나면 행사부에서 마련한 '사랑의 캔디'를 나눠 주며 감사 인사를 전한다. 이런 기회를 통해 학급 아이들은 스스로의 존재감을 확인하고 다른 친구들을 존중하게 된다.

3. 소통의 창: 학급 신문

해마다 우리 학급은 특유의 별칭과 로고를 정한다. 그래서 첫 번째 학급 이벤트는 급훈 및 로고 공모전으로 시작된다. 이렇게 이름을 붙이는 것만으로도 흔한 일상은 특별해질 수 있다. 몇 학년 몇 반이 아니라 '감사반(감사합니다, 사랑합니다)', '드림 팩토리(중학교 3학년 학급)'

등으로 부르기 시작하니 우리가 공유하는 모든 순간이 특별한 것이 되었다. 이렇게 소중한 우리들의 이야기를 담기 위해 학급 신문이 발행되었다.

학급 신문 1호는 아이들을 처음 만나는 날 학급 경영 안내서를 겸하여 교사가 발행한다. 담임교사의 교육철학과 연간 학급 활동을 소개하는 내용 등을 담고 있으며, 학급 신문이 일주일에 두 번 발행될 것임을 안내한다. 그 후 1인 1역할에서 학급 신문 기자와 편집자가 정해지면 학생들이 전담하여 학급 신문을 발행한다. 특히 기자와 편집자를 맡은 아이들은 언론이나 매체 미디어 분야의 진로를 희망하는 학생들로, 실제 신문을 제작하면서 꿈을 키워간다.
아이들은 먼저 기획 회의를 통해 신문에 넣을 코너와 기사 담당자를 정한다. 보통 좋은 글 코너, 알림 사항 코너, 문화 소개 코너, 진로 안내 코너 등의 고정 파트와 앙케트나 깜짝 퀴즈와 같은 특집 파트로 구성된다. 담당자가 있긴 했지만 학급 전체의 참여를 바탕으로 하기에 무엇보다 아이들의 제보가 중요했다. 그래서 아이들은 친구들의 참여를 독려할 수 있는 재미있는 아이디어를 짜내기 위해 고군분투했고, 끊임없는 의견 조사를 통해 아이들의 의견을 수렴하기 위해 노력했다. 실제로 소설가가 꿈인 학생의 건의를 받아들여 연재소설 코너가 신설되었고 마지막 호까지 짧은 소설 한 편을 써내는 쾌거를 이루기도 했다. 이처럼 아이들 손에서 만들어진 학급 신문은 매번 색다른 모습으로 변신을 거듭했다.

아무리 좋은 이야기라도 선생님의 입에서 나오면 다 잔소리로 들린다고 한다. 나를 위한 얘기인 줄은 알지만 이쪽 귀로 들어와 저쪽 귀로 나가버린다고도 한다. 나 또한 아이들을 붙들어놓고 원 없이 '좋은' 이야기를 했던 때가 있었다. 그러면 속 얘기를 다 털어놓은 교사 마음은 후련할지언정 아이들은 영혼 없는 표정으로 앉아 어서 시간이 가기를 기다리고 있다. 그래서 나는 아무리 '약'이 되는 말이라 해도 될 수 있으면 학급 전체를 대상으로 혼자 떠드는 시간을 줄이려고 노력했다. 이럴 때 요긴하게 이용할 수 있는 것이 바로 학급 신문이다. 듣기 싫은 말일수록 글로 적어서 주면 도리어 마음이 차분해지고 그 의미를 곱씹어보면서 높은 전달 효과를 낼 수 있다. 그래서 나는 전달 사항이나 주의해야 할 사항이 있을 때면 학급 신문에 간단명료하게 싣는다. 그러고는 그 어떤 사족도 달지 않는다.

칭찬할 일이 있을 때도 마찬가지다. 될 수 있으면 직접, 모든 아이들이 보는 앞에서 칭찬하려고 하지만 학급 신문을 이용하는 것도 좋은 방법이다. 학급 신문에 '칭찬합니다!'라는 코너가 있었는데 실제로 아이들에게 가장 높은 인기를 얻었다. 아이들은 학급 신문에 실린 자신의 이름을 보며 신기해했고, 자신도 잊고 있었던 일을 교사와 친구들이 칭찬하는 기사를 보며 뿌듯해했다. 그래서 학급 신문에 이름 실리는 것을 놓고 은근한 경쟁도 있었으며, 이름이 실리지 못한 아이들은 실망한 기색을 감추지 못했다. 의도했던 바는 아니었지만 학급 신문이 긍정적 보상의 역할까지 겸하면서 학급 내 좋은 분위기를 형성하는 데 이바지했다.

뿐만 아니라 학급 신문을 통한 학부모와의 소통 또한 짚고 갈 부분이다. 학급 신문은 아우르기 공책에 부착하도록 했다. 특히 과제나 준비물 챙기기 등 기본적인 생활 습관 형성이 필요했던 중학교 학생들에게 아우르기 공책은 알림장 기능도 겸했다. 그래서 학기 초에 아우르기 공책을 가정에서도 함께 활용하도록 안내했다. 아우르기 공책에는 학교생활의 많은 부분이 기록되어 있기 때문에, 이것과 학급 신문은 가정과 학교의 소통 창 역할을 할 수 있었다. 매달 가정통신문을 발송하며 학부모의 의견에 귀 기울이고자 노력했지만, 학부모는 교사의 일방적인 이야기가 아니라 '내 아이'의 학교생활을 더 궁금해했다. 교사가 일일이 들려줄 수 없는 아이들의 학교 이야기를 아우르기 공책이, 또는 학급 신문이 대신해준 것이다. 그래서인지 내교하는 학부모와 훨씬 수월하게 학생에 대해 이야기할 수 있었고, 학생을 지도하는 데 한마음으로 임할 수 있었다.

학급 신문을 매주 2회씩 정기적으로 발행하는 것은 생각만큼 쉬운 일이 아니다. 어쩌다 한 번이라도 거르게 되면, "왜 오늘은 학급 신문이 나오지 않느냐."는 아이들의 타박을 각오해야 한다. 나도 처음에는 중학생 아이들이 못 미더워 혼자서 학급 신문을 발행했다. 그러다 학교 일과 수업 준비에 시달려 급기야 무시무시한 일거리가 되어버린 신문 발행을 중단한 적도 있었다. 무엇보다 중요한 것은 아이들과의 약속이다. 그런데 나는 의욕만 앞섰지 아이들과 지키지 못할 약속을 하는 담임교사가 된 것이다. 때문에 학급 신문이야말로 아이들의 목소리와 이야기를 담을 수 있도록 학생들에게 돌려주는 지혜가 필요했다. 물론 기틀을 잡을 때까지는 담임교사의 도움도 필요할 테지만, 늘 그렇듯 우리 아이들은 기대 이상으로 잘해낸다. 아이들 또한 스스로 만드는 신문에 더 큰 애착을 가지고, 하루하루 만들어가는 자신들의 역사에 감탄하곤 했다.

매체는 사람들 사이의 소통을 빚어낼 때 그 진가를 발휘한다. 작은 사회인 학급에서도 학급 신문이라는 미디어가 갖는 힘은 대단하다. 학생과 학생, 교사와 학생, 그리고 학교와 가정 사이에 이야기를 만들고 더 끈끈한 공감대를 형성했다. 아이들은 일상을 뛰어넘어 공동체의 이야기에 귀 기울였고 학급 문제에 대해 자신의 목소리를 내기 시작했다.

넷, 다시 처음으로

자세히 보아야
예쁘다.
오래 보아야
사랑스럽다.
너도 그렇다.

-나태주, 「풀꽃」

내가 근무하고 있는 학교는 사범대학교 부설고등학교로 매해 교육

실습생을 지도한다. 실습생을 지도하기엔 아직 부족하다는 것을 알기에, 그 앞에 설 때면 얼마나 부담이 되는지 모른다. 그럴 때면 나태주 시인의 「풀꽃」에 기대어 강의에 담지 못한 나의 생각을 전한다. 교사로 첫발을 내딛던 때 은사님이 주셨던 시 한 편. 이 시는 지금도 내 책상 한 칸을 지키며 든든한 방향키가 되고 있다. 어릴 적부터 선생님이 꿈이었다는 교생, 빨리 아이들을 만나고 싶다는 교생, 임용고시의 문턱이 높아 꿈을 포기해야 할지도 모르겠다는 교생. 설렘으로 가득한 그 눈망울을 보며 내가 마지막으로 전해준 것은 이 시였다. 예쁘고 사랑스러운 풀꽃과 같은 우리 아이들. 그 아이들을 마주하는 일이 얼마나 가슴 뛰는 일인지 말해주고 싶었다. 교사에게 가장 필요한 것은 바로 아이들에 대한 사랑이니까.

그래서 교사가 아이들과 대면하여 이루어지는 모든 일은 사랑에서 비롯되어야 한다. 그러나 사랑이라는 이름으로 자칫 교육이라는 본질을 잃어서는 안 된다. 그러므로 아이들을 가장 가까이에서 만나는 학급 경영 또한 돌봄이라는 일차적 기능에만 국한되지 않도록 경계해야 한다. 학급은 아이들의 자아가 실현되는 삶의 공간이자 성장이 발현되는 교육의 장이기 때문이다. 그래서 학급은 경영이나 운영의 대상이 아니라 아이들의 반 활동으로 거듭나야 한다. 물론 담임교사의 적절한 안내와 시기적절한 조언이 필요할 테지만 주요한 것은, 학급의 주체를 교사가 아닌 학생으로 다시 세워야 한다는 것이다. 학급은 학생들의 작은 사회이기 때문에 이들의 공동체를 존중하는 가운데 자치 의식이 실현될 수 있다.

내가 그렇듯 많은 교사들이 자치 학급을 목표로 하고도 구체적 실천에 대해 고민하고 있다. 아이들과의 적절한 거리 두기의 접점을 찾는 데는 많은 시행착오가 수반될 수밖에 없다. 아이들의 반 활동은 '잘' 하는 것보다 '스스로' 하는 데 의미가 있다. 그래서 자치 학급을 구현하는 최고의 미덕은 교사의 '믿음'과 '기다림'이다. 다소 서툴고 긴 시간이 필요하더라도 의심하거나 불안해하지 않고 아이들을 믿고 기다리는 것, 결과에 연연하지 않고 과정 가운데 일어나는 아이들의 성장을 지켜보는 것.

교사들은 묻곤 한다.

"자치 학급은 어떻게 만들 수 있죠?"

이 물음에는 두 가지의 함정이 있다. 자치 학급은 교사가 만들 수 없다는 것. 때문에 '어떻게'라는 방법론적 고민도 할 필요가 없다는 것이다. 그래서 어떤 반 활동으로 어떤 자치 학급을 만들어갈지는 아이들이 결정할 몫이다. 교사는 그저 믿고 기다려줄 뿐이다. 말이 쉽지 알고도 모른 척하기란 얼마나 어려운 일인가. 이제 교사는 다시 처음으로 돌아가 분주하던 손발을 멈추고 기꺼이 아이들의 인내심 테스트를 견뎌야 한다. 성공이든 실패든 스스로 선택하고 그 결과에 책임지는 기회를 아이들에게 주어야 한다. 혹시나 하는 불안한 마음이나 더 잘하려는 욕심 때문에 아이들의 몫을 교사가 대신하다 보면 아이들은 교사의 곁을 떠날 수가 없다. 아이들은 학급 안에서 많은 문제와 부딪히면서 홀로 서기를 연습해야 한다. 스스로 의사결정권을 갖고 선택하는 기회를 많이 가져야만 주체적 삶의 태도에 익숙해질 수 있다. 또한 매 순간 자신과 함께하는 동료가 있다는 것을 기억하며 상생하는 삶의 소중함도 깨달아야 한다. 반 활동은 이 모든 기회를 아이들 몫으로 돌려 성장이 있는 자치 학급을 완성할 것이다.

04

인문학 교육

학교 밖 청소년들과 고전 읽기

강경필

"대한민국에서 살아가는 대부분의 청소년들은
자신이 미래에 무엇을 할 거냐고 압박만 당했지
온당하게 그것을 찾을 수 있는 시간을 보장받지는 못했다.
세상과 자신에 대해 분명한 상을 가진다는 것은
미안한 말이지만 청소년들이 갖추어야 할
덕목은 아니라고 생각한다.
불분명하고 가변적인 꿈을 꾸는 것이야말로
청소년들이 누릴 수 있는 특권이다."

1. '학교 밖 청소년'이라는 말의 의미와 상황

범주 밖 범주에 소속된 사람들

청소년이란 말의 외연과 학생이란 말의 외연이 마치 일치하기라도 하는 것처럼 생각하는 한국 사회에서 학생이 아닌 청소년을 상상하는 것은 어려운 일이다. 그러나 그 상상하기 어려운 범주 아래 소속되는 일군의 집단이 있다. 그래서 만들어진 범주가 '학교 밖 청소년'이란 범주다. 다시 말해 청소년이 아닐 뻔한, 아니 있어서는 안 될 것 같았던 새로운 범주가 긴 수식어를 담고 만들어진 것이다.

한국 사회 청소년이 학생이라는 말과 등치되기까지는 그동안 공교육에 대한 사람들의 신뢰와 교육의 범위를 확장시키는 것이 한국 사회에 더 바람직한 일이라는 공감대가 있었다. 그 신뢰와 공감대를 바탕으로 학교를 못 다니던 일군의 청소년은 슬슬 없어지기 시작했고, 중학교까지는 의무 교육화했다. 그러나 이 두 집단이 거의 일치를 이

룬 순간부터 학교를 못 다니는 것이 아니라, 안 다니는 사람들이 나오기 시작한 것이다.

학교라는 공간이 자유로운 선택에 의해서 가는 곳이고, 이 선택에 따라서 가지 않는 것 자체는 별로 연구의 대상이 되지 않을 수도 있다. 그러나 문제는 학교 밖 청소년이 비존재의 범주로만 범주화될 수밖에 없는 상황이다. '청소년 중의 일부는 학생이고 일부는 학생이 아니다.'가 아니라 모든 청소년은 당위적으로 학생이어야 하는데, 이 일군의 존재는 부당하게 학생이 아닌 청소년이라는 의미를 '학교 밖 청소년'이란 이름 속에 담고 있다. 게다가 이러한 현실은 비단 이름에만 담겨 있는 것이 아니라 실질적인 차별을 겪고 있다.

이런 청소년의 출현을 한국 사회는 예견하지 못했고, 따라서 이들의 역할을 한국 사회가 전혀 예비하지 못했다. 그래서 편견과 낯선 시선을 보낼 뿐 이들이 어떻게 자라나 어떤 역할을 사회 속에서 수행해야 할지에 대한 구상은 없다. 그러나 이 집단은 단순히 자발적 선택에 의해서 학교를 나온 것이 아니다. 대부분의 청소년은 학교를 공부하는 곳이 아니라 또래 집단과의 만남을 위해서 다닌다. 학교는 앞서 언급했다시피 대부분의 청소년을 담고 있는 곳이고, 이곳을 벗어나면 또래 집단으로부터 소외되어야 하는데, 누가 자발적으로 소외를 선택하겠는가? 불평등과 불안과 갈등을 야기하는 교육의 문제가 학생들을 학교 밖으로 몰아내고 있다. 다만 대다수의 학생들은 독하게 버티고 있고, 그렇지 못한 학생들은 낙오하고 있는 것이다.

현재 학교 밖 청소년의 규모

그런데 낙오하고 있는 청소년의 수가 이제 외면할 수 없는 상황에 이르렀다. 2013년 4월 1일 교육부 조사 기준으로 2012학년도 학업 중단 학생은 총 6만 8,188명이며, 재적 학생 수 기준 학업 중단율은 1.01%로 나타났다. 필자가 거주하고 있는 광주만을 기준으로 삼으면 1,918명이 학업을 중단하고 있다. 고등학교만을 기준으로 보면 1,153명의 학생들이 학교를 나오고 있는 상황이다. 이는 400명 정도의 신입학생을 뽑는 고등학교 3개가 없어지는 것과 마찬가지이다. 게다가 이것이 한 해를 기준으로 삼고 있으나, 누적 합계로 보아 초등을 뺀다고 하더라도 대략 6배인 9,000명 정도의 학생들이 학교를 다니지 않는 학교 밖 청소년으로 살아가고 있다.

하지만 어떤 관료도 어떤 민간 연구자도 이들이 구체적으로 어떻게 학교 밖으로 나오고 있는지 알지 못한다. 부분적으로 조사가 이루어지고 있지만 겨우 통계표의 학업 중단 사유가 '부적응'이었는지 혹은 '질병'이었는지를 알 수 있을 따름이다. 학교 밖 청소년이 보호 혹은 배움을 이어갈 수 있는 단체도 몇 군데 되지 않는다. 앞서 언급한 현황이 학교를 현실적으로 그만둔 숫자라면 마지못해 학교에 남아 있는 숫자는 더욱 많을 것이라 추정 가능하며, 이는 단순히 몇몇 학생의 선택의 문제가 아니다. 시급하게, 학교를 나와서 비존재의 존재로 취급받고 있는 '학교 밖 청소년'에 대한 연구와 대안이 있어야 한다.

'교육공간 오름'의 시작

한편, 이 문제는 교육부나 여성가족부 혹은 대학의 연구자들이 연구해야 하는 것이지만 그들이 쉽게 움직이지 않는다고 탓하고 있을 수만은 없었다. 그래서 쏟아져 나오는 학생들을 위한 민간 차원의 기관이 있어야 한다고 생각한 끝에 만들어진 일종의 대안 교육기관이 '교육공간 오름'이다.

초창기 대안학교들이 새로운 교육 이념을 실현하고자 하는 성향이 강하고 교육에 대한 열의가 남다른 부모들과의 연대 속에서 만들어졌다면, '교육공간 오름'은 '학교 밖 청소년' 문제에 어떻게 대응할 것인가라는 고민을 중심으로 출발했다. '학교 밖 청소년'과 만나 서로 자극하고 교류하는 정도면 충분하다고 생각해서, 학교라는 이름도 버리고 '교육공간'이라는 좀 더 새로운 이름을 스스로에게 부여했다. 틀에 맞추지 않아도 되고, '학교를 나온 청소년들에게 또 무슨 학교냐.' 하는 생각도 없지 않았다.

필자는 2009년 '교육공간 오름'이 만들어질 때 철학 교사이자 담임 교사로 합류해서, 지금은 운영을 담당하는 대표 교사이자 철학 교사로 일하고 있다. 처음에는 학교 밖 청소년이 모두가 다니는 곳인 학교를 뛰쳐나올 정도로 배짱도 의지도 있는 아이들이라 상상했다. 그런 패기 넘치는 청소년을 대상으로 내가 어떤 도움을 줄 수 있을까, 걱정했다. 그러나 막상 만나본 그들은 뛰쳐나온 것이 아니라 밀려서 나온 것 같은 인상이 더 강했다. 의지가 강한 것이 아니라 낭패감에 휩싸여 있었다.

이런 아이들을 대상으로 교육의 구체적 내용을 만들어가야 하는데, 회의가 많이 들었다. '갈구하는 마음을 가져야 가르친다.'는 공자의 말이 떠올랐다. 그러나 나는 이것이 좀 더 복잡한 맥락을 지닌 사회적 문제이고, 이 아이들을 대상으로 어떤 공부를 가르칠 수 있다면, 아니 같이 공부할 수 있다면 그것은 되레 복잡한 현대의 문제에 접근하는 열쇠가 될 것이라고 짐작했다. 더 이상 공부할 수 없음을 선언적으로 보여주고 있는 청소년들과 다시 공부함을 증명할 수 있다면 우리의 더 큰 미래를 향한 중요한 발걸음이 될 수 있다고 판단했다. 공부는 언제나 한 사회의 미래 동력을 보여주지 않던가?

이 글을 통해서 그동안 '교육공간 오름'에서 진행해온 교육의 목표는 무엇이고, 그 과정이 어떠한지에 대해 밝히고자 했다. 다시 말해 이 글은 학교 밖 청소년들과 왜 고전을 매개로 철학과 문학을 가르치고 배우는지, 그리고 어떻게 함께 책을 읽는지에 대한 기록이다.

2. 학교를 떠난 청소년들과 어떤 공부를 할 것인가?

학교를 떠난 아이들이 할 수 있는 공부는 무엇일까? 학교를 만드는 과정에서 등장한 이 난해한 질문에 대한 답은 좀처럼 나오지 않았고, 이 질문에 답하기 위해 모의한 수많은 밤을 보냈다. 가장 일반적인 답은 검정고시나 수학능력시험을 보기 위한 공부를 가르치는 것이다. 그러나 그러한 일들은 이미 전문화되어 있는 학원에서 열심히 잘하고 있지 않은가? 그렇다면 대안적인 교육공간을 만들자는 우리에게 적합한 교육은 아니다. 가장 추상적으로는 아이들이 원하는 공부를 가르치자는 의견이 있었다. 이 역시 교육의 본질을 생각해본다면 부분적으로는 수용할 수 있는 의견이지만, '아이들이 원하는 것'이 무엇인지 아이들도 모르고 있는 것은 아닐까? 그리고 아이들의 가능성과 요구를 묵살하지 않는 교육공간이 되자는 것은 목표로서는 훌륭하지만 내용을 구체화시키기에는 너무 막연했다.

아이들이 원하는 공부의 불가능성

만약 아이들이 원하는 공부를 가르치려고 한다면 두 가지 전제가 있어야 한다. 첫째는 학교 밖 청소년이 자신들의 요구에 대해 분명하게 알고 있어야 한다. 학교 밖 청소년의 특성에 대해 처음에는 막연하게 '자신의 길을 발견하고, 그 길을 고집스럽게 나아가는 아이들'일 것이라고 생각했다. 그러나 막상 마주해본 아이들은 고집스럽게 부모와 갈등하기는 했으나 학교를 나와서 살아가는 구체적인 상을 가지고 있지는 못했다. 지금 학교를 그만두려는 아이들은 대체로 학교를 그만두고 해야 할 일들을 무수하게 늘어놓곤 하지만, 반년이나 일 년 정도 지나면 자신의 꿈에 대해 말하기도 두려워한다. 학교를 나온 아이들은 학교 안에 있는 아이들보다 몇 배나 긴 시간 동안 자신의 꿈을 설명해야만 하는 순간을 맞이한다. "너 어쩔래?", "너 뭐하고 살래?"라는 부정적 질문부터 "너는 꿈이 무엇이니?" 따위의 제법 친절한 질문까지 미래를 비관하거나 걱정하는 질문이 쏟아진다. 학교 밖 청소년은 “너 몇 등이니?”라는 학교 안 청소년이 받는 질문의 스트레스 대신 미래에 대한 불안이 담긴 질문이 주는 스트레스를 받게 된다.

학교 밖 청소년을 직업적으로 만나면서 처음 만나는 이들에게 꿈을 묻지 않게 되었다. 청소년들이 자신이 만든 허위의 말을 지키기 위해 쓸데없이 얼마나 고통당하는지 알기 때문이다. 4년 전에 한 학생은 학교를 그만두고는 본격적으로 미술 공부를 하겠다고 선언하고 고집을 부렸다. 어른들이 너 왜 미술 공부를 하지 않느냐고 성화였지만 그 학생은 자신이 무엇을 공부해야 할지 아직 불투명했다. 미래에 자신이 무엇을 할지는 찾아야만 한다. 그러나 대한민국에서 살아가는 대부분의 청소년은 자신이 미래에 무엇을 할 거냐고 압박만 당했지 온당하게 그것을 찾을 수 있는 시간을 보장받지는 못했다. 세상과 자신에 대해 분명한 상을 가진다는 것은, 미안한 말이지만 청소년이 갖추어야 할 덕목은 아니라고 생각한다. 불분명하고 가변적인 꿈을 꾸는 것이야말로 청소년이 누릴 수 있는 특권이다.

아이들이 원하는 공부를 가르치기 위해 필요한 또 다른 전제는 좀 더 현실적인 벽에 부딪힌다. ‘학교 밖 청소년’이라 한꺼번에 지칭되기는 하지만 이들의 층위는 매우 다양하다. 이들이 원하는 것은 그 숫자만큼이나 다양하다. 이런 요구를 수용하려면 학교가 전지전능해야 하는데, 학교 밖 청소년을 대상으로 운영하는 비인가 대안학교들은 대부분 작고 영세하다. 많은 선생님을 안정적으로 모시기도 어렵다. 이런 환경에서 학생들의 요구에 부합하는 교과목을 늘 가르칠 수는 없다.

이러한 현실적인 벽을 넘기 위해서 이들을 대상으로 한 공간에서 가르치지 말고, 다양한 삶터로 공부를 보내면 어떠냐는 의견이 많았다. 주로 학생과 선생 혹은 학생과 또 다른 교육기관을 연결하는 허브 역할을 학교가 수행하면 학생들의 다양한 요구를 수용할 수 있는 가능성이 열릴 수 있다는 것이다. 일면 타당한 의견이다.

현재 광주에는 곳곳에 배움의 기회가 광범위하게 널려 있다. 구체적인 기술 교육을 원한다면 많은 기술학교가 다양한 프로그램을 갖추고 교육비 무료에 용돈까지 주면서 운영되고 있다. 또 인문학 프로그램이나 외국어 교육 프로그램도 접속이 그리 어렵지 않다. 더 나아가 인터넷 강의를 활용하면 광범위한 교육 프로그램을 감당할 수 있다. 그런데 이렇듯 교육을 외주를 주는 방식이 작은 학교들이 학교 확장을 피할 수 있는 좋은 방법이긴 하지만, 교육의 질을 높일 수 있는 근본적인 대안이 될 수는 없다. 부분적으로는 이런 교육 방법을 활용해 좋은 성과를 낳을 수 있지만, 수많은 교육 프로그램이 있으니 너 스스로 성장하라고 말하는 것은 또 다른 의미의 방치이다.

일전에 마포구 민중의 집 대표인 정경섭 선생의 광주 강연을 들은 적이 있다. 정경섭 선생은 정말 흥미로운 이야기를 들려주었다.

"마포구와 마포 민중의 집이 공동으로 '중고령 여성 노동자를 위한 무료 컴퓨터 교실'을 열었다. 그런데 반응이 폭발적이었다. 예상외였다. 왜냐하면 마포구에는 늘 '무료 컴퓨터 교실'이 열리고 있었고, 이 일반 무료 컴퓨터 교실과 새로 여는 '중고령 여성 노동자를 위한 무료 컴퓨터 교실'의 커리큘럼이 별반 다르지 않았다. 그런데 일반 무료 컴퓨터 교실의 수강생은 언제나 부족했다."

'무료 컴퓨터 교실'과 '중고령 여성 노동자를 위한 무료 컴퓨터 교실'은 단순히 이름 차이가 있을 뿐일까? 중고령 여성이라는 이름이 갖는 의미가 무엇이길래 이렇게 반응하는 것일까? 불러주는 곳이 있고, 불러주는 사람이 있다는 것, 내가 사회 속에서 불필요한 존재가 아니고 홀로 남겨져 있지 않다는 것 자체가 교육의 내용에 앞서 교육의 태도를 결정하는 것은 아닐까?

이 강연을 들으면서 내가 그동안 학교 밖 청소년들을 만나며 느꼈던 것이 단순히 이들만의 특성은 아니구나 하는 점을 깨달았다. 오히려 배제되고 소외당하는 모든 사람들의 특성을 학교 밖 청소년들이 가지고 있을 뿐이구나 싶었다. 인터넷이 발달하고, 양질의 기술서가 수두룩한 현대에는, 원론적으로 말하면 독학하지 못할 장르가 드물다. 책을 읽고, 인터넷을 찾아보고, 그도 부족하면 곳곳에서 열리는 수많은 강좌에 참여하면 되는 것 아닌가?

하지만 중고령 여성 노동자도 학교 밖 청소년도 독학을 하지는 않는다. 그리고 독학할 수 있는 가능성이 열려 있는 사회에서 독학하지 않는 이들은 게으른 자들이라는 비난과 무지하다는 비난을 동시에 받는다. 이 비난은 논리적으로 타당하므로 쉽게 극복되기도 힘들다. 이것은 합리적이되 실재적이지는 않은 시스템이다. 이 지독하게 논리적인 사회에서 배제당한 사람들은 스스로가 배제의 주체이자 대상이 되어버린다. '아무도 너희들을 버리지 않았다. 늘 가능성을 열어두고 있었는데, 스스로를 배제한 것은 게으른 너희들이다.' 모든 사람이 비난으로부터 자유로운 것은 아니지만, 이 비난이 경계에 서 있는 사람들을 향해 보내지는 것이라면 그것은 마땅치 않다. 그리고 원론적으로 교육은 사회에서 가장 약자들을 향해 있어야 그 참된 가치가 있다. 좋은 사회는 교육의 가능성을 개시하는 것만으로는 충분하지 않다. 좋은 도서관은 좋은 사회의 필요조건이되 충분조건은 아닌 것이다. 이 도서관이 왜 필요한지를 안내해주는 것까지가 사회가 그 구성원들에게 보내주는 가장 온전한 역할이다.

암중모색의 공부는 필요하다

학교 밖 청소년 교육은, 그동안 교육의 실질적 목표임을 자임해온 입시 교육을 벗어나 새로운 공부가 되어야 한다. 그러나 이런 교육은 수요자 입장에서 본다면 아직 정확한 요구의 방향이 정해지지 않은 상태에서 이루어진다. 가령 입시학원은 교육의 공급자와 수요자 사이에 목표가 정해진 상태에서 출발한다. 시험 성적을 어떻게 올릴 것인지가 일관된 목표이다. 그래서 시험 성적을 올릴 수 있는 요구만 만족시킨다면 이 입시학원은 목표를 향해 충실하게 접근하는 좋은 학원이 된다. 그러나 학교 밖 청소년과의 공부는, 어떤 공부를 하겠다는 목표를 서로 정확하게 일치시키지 않은 상태에서 이루어진다.

가령 "어떤 삶이 더 좋은 삶인가?" 묻는 학원은 없다. 하지만 학교 밖 청소년을 대상으로 가르치는 대안 교육기관은 이 질문을 피해 갈 수 없다. 그런데 문제는 이 질문이 무척 복잡한 데다, 이 질문에 대한 수요자와 공급자의 답변 의지에 격차가 크다는 점이다. 학생들은 이런 질문에 노출되었는데, 빨리 답을 가르쳐주지 못하는 선생이 답답할 수 있다. 그래서 교육은 이 질문의 심도가 얼마나 깊고 복잡하며, 왜 이 질문에 답을 해야만 하는가를 가르치는 데 집중할 수밖에 없다. 답안지가 없는 상태에서 교육이 출발하는 곳, 그곳이 곧 학교 밖 청소년을 대상으로 교육을 하겠다는 기관이 처해 있는 운명이다.

그렇다면 답안지도 없이 출발하는 교육을 하겠다고 덤비는 교육기관은 엉성한 기관인가? 이것은 앞의 질문과 비교해보면 답하기 훨씬 수월한 질문이다. 답은 '아니다'이다. 좀 더 원론적으로는, 새로운 질문을 던지는 것이 애초의 교육 공급자의 역할이었다. 그리고 이런 공부에 걸맞은 이름이 곧 철학 공부이다. 철학이 가지고 있는 질문들은 여태 답이 나오지 않은 질문투성이다. 그러나 철학이 애써 질문에 답해왔던 역사가 곧 인류의 역사이기도 하다. 철학은 암중모색의 학문이고, 이 학문을 공부하는 것이 암중모색 중인 청소년들에게 가장 적합한 공부이기도 한 것이다.

청소년과의 만남은 곧 우리가 앞으로 만나야 할 미래와의 만남이다. 미래는 우리가 어렴풋이 짐작할 수는 있지만 전부 알 수는 없다. 그런 미래에 대해 지금의 우리가 가르치는 것이 교육이다. 그래서 교육은 지금의 전부이되 앞의 여백이다. 이 여백은 질문들로 채워져야 하고, 지금은 질문에 답해온 방식들을 공유해야 한다. 그래서 미래와의 만남은 늘 전적이면서 동시에 비어 있어야 한다. 이것은 교육의 일반론이되 특수론이다. 그 까닭은 한국 사회의 교육이 시험에 대한 기술적 대처 능력이라는 측면에서 비대칭적으로 발달해왔고, 학교 밖 청소년은 이 기술적 대처 능력만을 키우는 교육에서 낙오한 이들이기 때문이다.

> "이제 너희들은 망한 집안의 자손이다. 그러므로 더욱 잘 처신하여 본래보다 훌륭하게 된다면 이것이야말로 기특하고 좋은 일이 되지 않겠느냐? 폐족으로서 잘 처신하는 방법은 오직 독서하는 것 한 가지밖에 없다. 독서라는 것은 사람에게 있어서 가장 중요하고 깨끗한 일일 뿐만 아니라 호사스러운 집안 자제들에게만 그 맛을 알도록 하는 것도 아니고…… 스무 살 무렵에 처음으로 과거 공부에 전력을 기울였더니 소과에 합격하여 태학에 들어가게 되었다. 여기서 또다시 대과 응시 과목인 사자구 육자구 등의 변려문에 골몰하다가 규장각으로 옮겨 가서는 그 과제에 응하느라고 한갓 글귀만을 다듬는 공부에 거의 10년이나 몰두하였다……. 그러므로 내가 지은 시나 문장은 아무리 맑은 물로 많이 씻어낸다 해도 끝내 과거시험 답안 같은 틀을 벗어날 수 없고 조금 괜찮은 것일지라도 관각체의 기운을 면할 수 없는 것이다……. 너야말로 참으로 독서할 때를 만난 것이다. 지난번에 말했듯이 가문이 망해버린 것 때문에 오히려 더 좋은 처지를 이룩할 수 있다는 게 바로 이런 것 아니겠느냐."
>
> -정약용, 『유배지에서 보낸 편지』

정약용이 자신의 가문을 폐족이라고 명명하고 있는데, 이는 학교를 나온 현대 한국 사회 청소년에게도 넓은 의미에서 해당하는 말일 것이다. 그들은 부인할 필요 없이 폐족이다. 그러나 그들이 글을 읽고 심오한 세계에 발을 디딜 수 있는 더 좋은 상황에 처해 있다는 다산의 충고는 비단 다산의 아들들에게만 해당하는 것은 아니다.

무협지에서 가장 흔한 레퍼토리에 비유해보자. 주인공이 주화입마의 위기를 겪고 있는데, 기연으로 무림의 은둔 고수를 만난다. 그 고수는 직접 자신의 내공을 주입해 주화입마에 빠져 있는 주인공을 위기에서 구해주고, 그들에게 새로운 무공을 전수한다. 학교 밖 청소년들은 주화입마에 빠진 주인공이고, 책 속의 철학자들은 무림의 은둔 고수가 아닌가. 다만 무협지에서처럼 그들이 직접 시전할 수 있는 상황이 아니다. 무림 고수인 철학자들은 다 죽어서 책에 있고, 이 책들은 위기에 봉착한 청소년들과 거리가 멀다. 위기에 봉착한 청소년들과 철학자들의 만남을 매개하는 사람, 책 속의 철학자와 현실의 청소년을 매개할 수 있는 사람은 철학 교사이다. 기꺼이 영매가 되어 그 둘을 만나게 하는 장면은 수많은 무협소설 속 주인공과 은둔 고수의 만남만큼 매력적이다.

그런데 "심오한 철학과 학생들이 어떻게 매개되는가?"라는 질문이 남는다. 그 둘은 저 멀리 극단에 있다. 이 둘을 어떻게 한자리에 불러 마주 세울 수 있는가? 이것이 남은 과제이다. 이 주술적 작업의 성공은 그리 녹록한 것은 아니다. 그러나 불가능한 것만도 아니다. 젊은 사람의 상상력이 나이 든 사람보다 더욱 풍부할 것이라는 상상은 자주 엇나간다. 상상력은 자신의 경험에서 쉽게 벗어나기 어렵다. 그렇다면 철학자들의 글 중에서 가장 먼저 접해야 할 것, 청소년들의 경험과 매개되어 있는 글을 찾아야 한다.

그 출발은 윤리학에서 찾았다. 흔히 생각하듯 윤리학 책들에 고담준론만 있는 것은 아니다. 마음의 무수한 갈등에서 출발하는 책들을 찾으면 학생들과 접목하기 쉽다. 고대 윤리학적 책들은 모두 철학자 자신의 갈등에서 출발한다. 확고한 답을 정해놓고 "이렇게 사는 것이 바람직하다."보다는 "이런 갈등을 어떻게 보편의 관점에서 바라볼 것인가?"라는 물음에서 출발한다. 그래서 학생들과 책을 읽을 때 저자의 갈등 상황을 잘 설명한다면 학생들과 잘 접속시킬 수 있다. 게다가 많은 철학자들이 자신의 비루한 현실에서 출발하고 있다는 점을 잘 납득시킬 수 있는 책을 찾는다면, 그 책들로부터 위안을 얻고 자신도 그 철학자의 마음의 갈등을 따라 읽으며 자신을 성찰할 기회를 얻을 수 있다.

3. 어떤 고전들을 어떻게 읽는가?

이번에는 '교육공간 오름'에서 읽어왔던 책들을 소개하려 한다. 철학이 무엇인지, 왜 공부해야 하는지에 대해 또렷한 생각을 가지고 있는 사람들에게는 불필요한 장이 되겠지만, 그동안 필자는 많은 사람들로부터 학생들과 철학 공부를 하는 일이 가당하냐는 질문을 들어왔다. 학교도 안 다니는 불상놈들이 읽기에 철학책은 너무 고매하지 않나? 처음에는 그 질문의 요체가 무엇인지 몰랐으나, 자주 질문을 받다 보니, 그 요체는 나도 철학책 읽어보지 못했는데 그리 어려운 철학책을 어떻게 학생들이 읽을 수 있느냐는 것임을 알게 되었다.

아마도 이러한 질문이 자주 들리는 까닭은 한국 사회의 철학에 대한 오해로부터 비롯된 것일 게다. 아니 철학만이 아니라 인문학 전반에 대한 오해라고 불러야 더 적확하리라. 인문학은 무용하거나, 고리타분하거나, 아니면 너무 어려워서 특수한 사람이 아니면 접근할 수 없다는 오해가 쌓여 있다. 부분적으로는 부정할 수 없는 측면이 있다. 어렵기도 하고, 때로는 바로 적용 가능성이 없어 일 년 이 년 공부했다 하더라도 쉽게 현실화할 수 있는 힘이 없기도 하다.

그러나 그것이 인문학의 전체 특성은 아니다. 인문학은 어쨌든 수많은 시간 동안 사회를 바꾸는 원동력을 제공해왔고, 어렵기도 하지만 가장 기초적이고 원론적인 우리 삶을 해명하기 위해 노력해왔다. 그리고 개인들에게는 자신의 삶이 더욱 많은 사람들의 삶과 공명할 수 있다는 사실을 끊임없이 증명해오기도 했다.

엥케이리디온

『엥케이리디온』은 헬레니즘 시대 로마의 철학자 에픽테토스의 책이다. 에픽테토스에게는 특별한 소개말, 즉 '노예'라는 말이 같이 따라다녀 노예 철학자라고 불린다. '노예'라는 단어에서는 가장 자유로워야 할 '철학자'라는 단어와 많은 거리가 느껴진다. 에픽테토스는 두 단어를 모두 수식어로 가지고 있는 유일한 인물이다. 에픽테토스는 노예 출신이었다. 그는 노예 주제에 공상하기를 좋아했고, 다리가 불편했다. 이렇듯 무용함 덕분에 그는 자유인이 되었고, 주요한 스토아 철학자가 되었다.

그의 철학은 자신의 시대와 무관하지 않다. 그가 살아야 했던 헬레니즘의 시대는 폴리스 중심의 시대에서 코스모폴리스의 시대로 접어들고 있었다. 과거의 공동체 단위가 깨어지고 더 넓은 공동체 아래로 귀속되어갔다. 세계의 외연은 더욱 커졌는데 이 외연이 넓어진 까닭에 거대한 공동체 속의 개인은 점점 왜소해졌다. 큰 공동체 속의 개인은 공동체에 참여할 가능성을 차단당하기 쉽다. 그래서 헬레니즘 시대에 살아야 했던, 그리고 그 거대한 공동체 속의 권력자가 아닌 노예 출신으로 버텨내야 했던 에픽테토스는 오직 자신의 마음을 제어하는 곳에 관심을 둘 수밖에 없었다.

그는 이제 국가의 운명이나 공동체의 정의를 묻지 않는다. 어떤 시련이 닥쳐와도 스스로 자족할 수 있는 방법을 연구한다.

> "존재하는 것들 가운데 어떤 것들은 우리에게 달려 있고, 또 어떤 것들은 우리에게 달려 있지 않다. 우리에게 달린 것들은 믿음, 충동, 욕구, 혐오 한마디로 말해서 우리 자신이 행하는 모든 일이다. 반면에 우리에게 달려 있지 않은 것들은 육체, 소유물, 평판, 지위, 한마디로 말해서 우리 자신이 행하지 않는 그러한 모든 일이다."
>
> -에픽테토스, 『엥케이리디온』

에픽테토스는 오직 자신에게 달려 있는 것들에 집중한다. 그는 자신의 삶 속에서 부나 명예, 권력, 건강한 육체 무엇 하나 지니지 못했다. 그랬기 때문에 그런 것들은 자신의 노력 여하에 달려 있지 않다는 것을 더 잘 알고 있었다. 그렇다면 자신의 노력으로 가질 수 있는 것들이 없다는 사실을 알고 난 후 에픽테토스는 어떻게 해야 했을까?

그는 마냥 좌절하지 않았다. 분명한 현실의 좌절과는 무관하게 작동하는, 분리시켜 작동시킬 수 있는 것들을 찾아 나선다. 그것은 바로 자신의 마음의 상태이다. 어떤 불행이 닥쳐와도 움직일 수 없을 만큼 자신의 마음을 단련하는 것. 그것이 이 비극적인 노예 철학자가 취할 수 있는 유일한 포지션이었다. 좌절하지 않고 자신의 마음을 정중동의 상태에 놓이도록 만들기 위해 스스로 박차를 가한 기록의 산물이 『엥케이리디온』이다.

그는 진창인 삶을 좌절로 이끌기보다는 운명과 신을 믿고 그 안에 자신을 위치시킴으로써 자신을 보잘것없는 존재가 아니라 누구보다 강한 인간의 마음을 가질 수 있게 만들었다. 삶의 진창에서 피어 올린 꽃 같은 철학이다.

학생들은 『엥케이리디온』을 읽으면서 의외로 '왜 이렇게 나약한 소리를 계속하는가?'라는 질문을 많이 했다. 평상시에는 자신의 마음대로 되지 않는 삶을 불평하던 친구들도 에픽테토스의 일관된 외적 삶에 대한 '기대 없음'에 대해서는 너무하다는 입장을 보였다. 그리고 에픽테토스가 삶의 도피처로 선택한 운명론을 쉽사리 동의하지도 못했다.

학생들 중에 때로 삶을 너무 많이 알아버려서 쉽게 체념하는 듯한 모습을 보이는 친구들을 보면서 안타까운 경우가 있는데, 그들도 에픽테토스가 체념해야만 했던 삶을 보면서는 그 체념의 깊이에 다 다르지 못하고 그는 너무 나약하다고 말한다. 그럴 때면 참 이중적인 생각이 스친다. 한편으로는 아직 에픽테토스가 처해 있는 상황에 대한 이해가 부족하고, 체념에도 깊이가 있는 법인데 그 심연을 알지 못하는 것에 대한 안타까움과 아직 다 버리지 못하고 가지고 있는 자신에 대한, 외적 삶에 대한 긍정적 기대를 보는 설렘이다.

한 가지 기대만을 가지고 살아간다면 너무 외롭거나 혹은 너무 위험할 수 있다. 외적인 삶에 대한 기대만을 이어간다면, 그 기대가 무너질 때 자신의 전부가 무너질 수 있으므로 위험하다. 한 사람의 노력에 상응하여 모든 보상이 돌아온다면 위험한 기대는 없을 것이다. 그러나 세상은 그렇게 도식적이거나 논리적이지 않고, 해명할 수 없는 수많은 사고들과 병행하여 존재한다. 또한 외적인 삶에 대한 아무런 기대 없이 살아가는 삶은 기대가 적으니 실망도 적게 할 수 있다는 장점에도 불구하고, 현실을 뒤바꿀 희망을 꿈꾸지 못하고 포기하는 것으로 이어지는 것이다.

현실은 '나'와 무관하지 않다. 어떤 현실에서도 나의 마음은 침범당하지 않도록 단련하는 것이 곧 에픽테토스의 철학이었다. 그러나 학생들의 불만처럼 '나' 역시도 현실과 무관하지는 않다. 둘 사이의 한 극단을 배움으로써 다른 극단을 동시에 상상한다.

햄릿

『햄릿』의 줄거리는 널리 알려져 있다. 그러나 『햄릿』을 읽기는 매우 복잡한 일이다. 『햄릿』은 줄거리가 중요한 만큼 인물의 성격이 중요하고, 또 대사 하나하나가 복잡한 미로처럼 반어와 풍자로 이루어져 있다. 학생들과 읽으면서 가장 난해한 지점은 대사 속에 가득 담겨 있는 은유를 벗기는 일이었다. 몰입해서 햄릿이 내뱉는 굴절된 언어들을 곱게 펴서 이리저리 짜 맞추어 이해해보는 일은 재미있지만 힘들었다. 어려운 부분은 읽고 또 읽어가며 학생들이 그 상황을 상상하고 인물의 성격을 상상하며 읽게 하려고 노력했다. 그러나 햄릿과 오필리아의 관계 속에서 나오는 많은 대사를 전부 명료하게 이해할 수는 없었다. 그것은 어쩌면 애초에 명료해질 수 없는 것인지도 모른다.

다음으로는 다소 철학적인 물음과 함께 『햄릿』을 읽었다. 햄릿은 쉽게 사실을 열어 보여주지 않는다. 처음부터 유령이 등장한다. 학생들에게 "유령을 만났다라는 말을 누구에게 이해시킬 수 있을까?"라는 질문을 던진다. 쉽게 답할 수 없다. 유령은 그 누구에게나 동일하게 등장하지 않고, 특정인에게만 보인다. 그래서 투명하게 모두를 이해시킬 수는 없다. 책의 초반부에서는 주인공 햄릿도 이 유령의 존재를 의심한다. 햄릿은 이 유령의 말이 사실인지 알아보기 위해 연극을 꾸민다. 그러나 이 연극으로는 객관적 사실을 알 수 없다. 다만 삼촌이자 왕인 클로디어스의 표정에서 모든 것을 알아내야 한다.

"오늘 밤 왕 앞에서 연극이 있을 거야. 그중 한 장면이 내가 그대에게 말해준 부친의 사망 경위와 비슷해. 부탁인데, 그 행위가 연기될 때, 바로 그대의 영혼과 더불어 심사숙고, 내 삼촌을 지켜보게. 대사 한 번에 그의 숨은 죄가 드러나지 않는다면, 우리가 본 유령은 저주받은 놈이었고, 내 망상은 마치 불칸의 대장간처럼 시커멓게 된 거야."

-셰익스피어, 「햄릿」 3막 2장

대사를 내뱉는 찰나가 진실을 알려주는 전부이다. 자백이나 목격은 받아낼 수 없다. 자신의 확신을 검증하기 위해서는 번뜩이는 직감에 의존해야 한다. 전개되는 극 속에서 햄릿의 입장을 따라 읽으면 햄릿의 확신에 동조하게 된다. 그러나 햄릿의 확신은 오직 자신과 같이 유령을 본 사람들만이 가질 수 있는 확신이고 공론화할 수 없는 확신이다. 그는 복수하려 한다. 하지만 공개적으로는 삼촌 클로디어스를 심판할 수 없다. 오직 자신의 확신에 따라 모든 일을 몰아가야 한다.

공유 불가능한 진실을 안다는 것. 유령을 꺼내어 보여줄 수 없다는 것. 그것이 햄릿이 처해 있는 상황의 요체이다. 우리의 삶 속에서도 공유 불가능한, 앞에 내보일 수 없는 사연이 있는 진실들이 있다. 우리는 그 진실을 때로 공증받을 수 없다. 그런 삶을 살아야 하고, 극단적인 선택을 해야만 하는 햄릿을 따라 진실의 외로움과 행동에 수반되어 돌아올 미래에 대한 불안을 배운다. 실체를 공증받을 수 없는 유령이 존재한다는 것, 비존재의 존재가 내 내면에 어떤 작용을 불러일으킬 수밖에 없다는 분명한 사실을 『햄릿』은 가리킨다.

논어

『논어』는 감당하기 쉽지 않은 텍스트다. 그것은 『논어』가 낯선 말들로 치장되어 있기 때문이 아니다. 『논어』는 비교적 쉽게 이해할 수 있게 단문으로 이어져 있는데, 그러나 그것이 문제이다. 왜 이런 말들로 이루어져 있는지 구태여 설명하지 않는다. 『논어』의 첫 구절부터 살펴보자.

> "공자가 말했다. 배우고 때를 정하여 익히는 것만큼 즐거운 일이 없다. 벗이 있어 먼 곳에서 찾아오면 또한 즐겁지 아니한가. 남이 알아주지 않아도 화내지 아니하면 또한 군자가 아니겠는가."
>
> -공자, 『논어』 학이 편

이 구절을 어떻게 이해해야 할까? 한 학생이 반문한다. "저는 공부가 즐겁지 않은데요?" 공자님 말씀과 이 학생의 말 중 누구 말이 더 맞는가? 이렇게 물으면 난감하다. 공자는 단순히 자기 경험만을 말하고 있는 것처럼 보이기도 한다. 공자가 공부하는 것이 즐거웠다는 의미로만 읽으면, 질문한 학생이 말한 저는 공부가 즐겁지 않다는 경험도 같은 층위로 존중받아야 하는 것 아닌가? 학이 편의 첫 구절이자 『논어』를 읽지 않은 사람들도 많이 외는 이 구절은 설득할 방법이 없다. 맞기도 하지만 아니기도 한 구절, 동의하면 그만 아니면 어쩔 수 없다.

그러나 조금 섬세하게 읽으면 이 배움과 친구 그리고 알아주지 않음을 연결해 읽으면 공자의 고독이 보인다. 공자는 홀로 배우는 것도 좋아하지만 알아주는 친구가 와서 배움을 나눌 수 있다면 더 좋고, 그런 친구가 없다고 하더라도 화내지 않을 수 있도록 자신을 단련하기를 원했다. '그래, 공부는 즐겁지 않을 수 있지. 하지만 혼자 피시방에서 '리그 오브 레전드' 하는 것보다 함께하는 것이 좋고, 아무도 나의 레벨을 알아주지 않아도 화낼 수야 없지 않은가?' 이것도 공자의 가르침이라면 과한 곡해인가?

『논어』에는 이런 구절들이 많다. 때때로 절절하게 이입되지만 때로는 아무 관심을 끌지 않는 구절들을 마주하게 된다. 미야자키 이치사다 같은 역사학자라면 『논어』의 각 구절들을 역사적 상황을 불러내어 역사의 한 부분에 정치시켜 읽을 수도 있을 것이고, 송용준 선생처럼 중국어학자라면 한문의 맥락적 의미를 잘 그려가며 읽을 수도 있을 것이다. 그런 해석들은 매력적이다. 그러나 학생들과 읽어가며 필자 스스로가 역사학자이거나 한문학자이지 않은 바에는 그런 방법들을 취할 수 없었다. 부분적으로 그들의 해석을 참고할 수 있었을 따름이다.

그러나 이렇게 이해가 되기도 하고 안 되기도 한 구절들을 오래 붙잡고 늘어져 대화를 나누며 읽었다. 학생들은 말하는 속에서 그 이야기들을 어렴풋이 그려가며 읽었다.

"공자가 태묘에 들어가서 제사를 도울 때 하나하나 선배에게 물어서 행했다. 이것을 보고 어떤 사람이, 누가 추 출신의 애송이가 예를 안다고 하였더냐? 태묘에 들어와서 무엇이든 남에게 물어서 하는구나라고 말하였다. 공자가 이 말을 듣고 말했다. 그것이 바로 예이다."

-공자, 『논어』 팔일 편

이런 구절을 읽을 때면 각자 집에서 제사 지내는 이야기들을 한참씩 늘어놓고 이야기한다. 각자 자기 집안의 제사를 존중하는 것이 예이듯 공자는 예를 아는 척하지 않고, 그곳에 물어가며 예를 맞추어 간 상황을 설명한다. '예는 충돌한다. 그러나 충돌할 필요 없이 따라주는 것이 또한 예이다.'라는 의미를 같이 새긴다.

더불어 『논어』에는 정말 많은 인물평이 나온다. 공자가 사랑했던 제자 안연을 제외하면 공자의 인물평은 그리 후하지 않다. 평생을 곁에 둔 자로에게도 핀잔만 준다. 그러나 구절구절 공자의 까다로운 인물평을 학생들에게도 그리고 가르치는 나에게도 적용시키며 읽는다. 『논어』를 읽는 일은 그렇게 대중없이 이루어지지만 읽고 다시 새기면 맑은 거울 하나를 얻은 것 같다. 삶의 상황들을 공자의 말에 대입해본다. 그리고 이 질문에 공자는 어떻게 답할까? 궁금해진다. 『논어』의 많은 고담준론은 일견 멀어 보이지만 그 말들의 상황을 잘 유추해보면 내가 어느새 높아져 그 말들에 다가서 있는 경험을 준다.

05

교실 공간의 의미

교실,
그곳에
세상이 있다

김숙

나는 아이들이 교실에서
각자의 자리를 잡을 수 있고,
저 너머의 세상에
희망 어린 호기심을 갖기를 바란다.

날 보여줄 수 있는 공간, 너의 공간과 달라

축제 때 무대 위 한 귀퉁이에서 하정이의 춤사위를 봤다. 30여 명의 아이들이 춤추는 가운데, 심한 엇박자를 내면서도 열정은 진지한 하정이의 몸짓이 있었다. 그런 하정이는 교실에서 빛나는 아이이다. 순수한 지적 호기심이 나로 하여금 더 깊고 넓은 지리 수업을 준비하게 했다. 무언가를 새롭게 알았을 때 뱉어내는 깊은 질문은 교사만 누릴 수 있는 벅찬 설렘을 줬다.

동현이는 운동장에서 날아다니는 아이이다. 아무 말 없이 창가에 앉아 내 눈을 똑바로 쳐다보지 못했다. 왜냐고 물으면 얼굴이 빨개졌다. 그런 동현이의 투구 폼은 박찬호가 빙의한 모습이었다. 책상 아래 숨겨뒀던 긴 다리와 긴 팔을 이용하여 부드러우나 힘차게 원을 그리며 공을 던졌다. "스트라이크!"라는 소리와 함께 밝고 경쾌하게 흩어지는 동현이의 미소는 운동장에서 처음 봤다.

가영이의 존재는 케이크 속 생크림과 함께 내게 왔다. 교무실에 케이크가 왔다. 가정 시간 실습 작품이란다. 달달한 생크림이 카스텔라와 과일을 품고 있는 모습이 완벽했다. 가영이의 섬세한 손끝 정성과 집념의 결과란다. 교실에서의 가영이는 긴 머리에 거울만 보는 아이였다.

무대 위에서 민호의 독무는 흥겨웠다. 음악이 혈관을 타고 몸짓을 토하고, 어깨와 발끝의 움직임은 멜로디와 음색을 흩뿌린다. 비트와 함께 절제된 표정과 관절의 꺾임은 우리로 하여금 호흡조차 잊게 했다. 그런데 민호의 얼굴이 기억이 없다. 교실에서의 민호는 온종일 엎드려 자는 '잠호'였다.

종민이는 투덜이다. 내 목소리가 너무 커서 잠을 잘 수 없다고, 강요하는 것이 너무 많다고, 급식 양이 너무 적다고 투덜투덜댔다. 그런 종민이의 손에 화분이 들려 있었다. 내가 죽이고 있는 선인장이었다. 종민이는 거침없이 화분의 흙을 손으로 비벼보며 물을 너무 많이 줬고, 분갈이가 늦었다고 날 야단쳤다. 교실에 있는 화분을 종민이에게 맡긴 후 종민이의 입꼬리가 자신감 있게 치켜 올라갔다.

단이는 알림이 게시판 담당을 자원했다. 시험 범위, 시간표 등 알림 사항들을 썼다, 지웠다, 색칠했다, 그렸다, 몸부림을 친다. 게시판을 부여잡고 있는 시간이 많아 만류했다. 그래도 자신이 써야 친구들이 한눈에 알아보기 쉽다고 좋아한다며 오늘도 게시판을 부여잡고 있다.

학생들은 자신의 빛을 발하는 공간이 각기 달랐다. 그걸 깨닫기까지 교실에서 참 많은 학생들에게 상처를 줬다. 왜 교실에서 너는 없냐고, 왜 웃지 않고 왜 침묵하느냐고 다그쳤다. 교실에서 모든 것을 판단하려고 했던 스스로를 반성하기 시작하면서 교실, 그 공간이 내게 화두가 됐다. 그 공간의 시작은 무엇인지, 그리고 그 공간의 주인인 줄 알았던 교사, 각자의 자리를 잡기 위해 치열하게 존재하는 학생, 내 아이에게만은 풍성한 공간이길 바라는 학부모의 '그 교실'에 대해 기웃거려보고 싶었다. 또한 교실 창 너머의 세상, 창밖 산 너머의 세상을 교실 안으로 끌어와 함께 놀면서 우리가 그릴 수 있는 삶의 세계 지도를 그려보고 싶었다.

교실, 하루 15시간을 보내는 삶의 공간

20평 남짓한 곳에 72명이 있었다. 앞뒤 여유 공간이 전혀 없어 우리는 책상에 갈비뼈를 걸치고, 등살을 의자 등에 끼워 앉아야 모두가 그곳에 있을 수 있었다. 45분 동안 유일하게 자유롭게 움직일 수 있는 사람은 선생님이었다. 30cm 높은 교단 위에 서 있는 선생님은 항상 커 보였다. 선생님의 말씀은 항상 옳고, 당연했다. 게시판의 글은 정확하고 유일한 정보였다. 구조화된 암묵적 이데올로기를 쏟아내는 근대적 교육 공간인 교실은 30여 년이 지난 지금도 그 모습을 크게 벗어나지 못하고 있다. 물리적 환경인 칠판과 책상, 그리고 유리창은 더 넓고 더 편리하고 튼튼하고 비싼 것으로 바뀌었으나, 심리적·사회

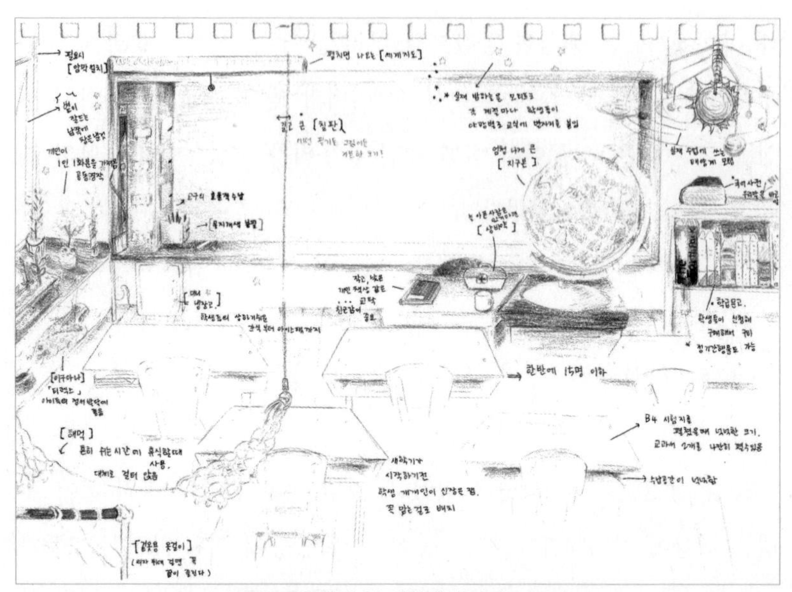

고등학교 3학년 한 여학생이 바라는 교실

적 환경 면에서 제한된 정보와 권위, 그리고 또래의 긴장감이 더 다양한 방식으로 표출되어 그것이 공간에 머무는 사람들의 삶에 영향을 미치고 있다.

학생들이 생각하는 교실

40명의 고등학교 3학년 여학생들에게 교실을 주제로 질문을 했다.

첫 번째 질문, '교실이란 자신에게 어떤 곳인가?' 이 질문에 대해 '답답한 곳', '공기가 덥고 탁한 곳', '지루한 곳', '수용소', '탁아소', '피할 수 없어 즐겨야 하는 곳' 등 폐쇄적인 곳이라는 대답이 50% 정도였다. 그리고 소수는 무언가를 '배우는 곳', '매일 새로운 곳', '소소한 행복이 있는 곳', '미운 정이 든 곳', '또 하나의 집', '오래 머무는 곳'이라고 대답했다.

두 번째 질문, '12년 동안 가장 인상적인 교실은 어떤 곳인가?' 이 질문에 대해 깨끗했고 다양한 모둠 활동이 활발했던 초등학교 교실이라는 대답이 50%를 넘었다. 그리고 고등학교 3학년 교실은 고등학생과 대학생이 공존하는 곳이어서 인상적이라는 대답이 하나 있었다. 대부분은 '교실은 모두 같았다.'라고 답했으며 깊은 상처나 충격적인 사건이 있었던 교실이 기억난다는 학생들이 많았다.

세 번째 질문, '내가 꿈꾸는 교실은?' 그녀들은 '큰 사물함', '꿈을 위해 노력할 수 있는 공간-연극놀이, 뮤지컬 소도구, 조리실, 운동실, 음악실', '많은 간식', '다양하고 많은 책', '교실마다 개성 있는 교실 인테리어', '의자와 책상이 없는 교실', '탈의실', '로봇 청소기', '식물을

기를 수 있는 교실' 등이 갖춰진 교실의 물리적 환경의 변화를 바랐다. 그리고 '15명 정도의 적은 인원수', '밝고 편안한 분위기', '깊고 넓은 생각을 할 수 있는 조용한 교실', '선생님과 학생의 관계가 수평적인 교실'을 원했다.

교실이라는 공간은 우리가 생각하는 이상으로 학생들이 많은 시간을 보내고 있고, 많은 일들을 겪고 있는 곳이다. 교과교실제가 한창인 지금 우리는 학생들이 '바라는 현실의 교실 공간'에 대해 얼마나 다양한 관점의 연구 자료를 수집하여 고심하고 있는가.

엄마가 바라는 내 아이의 교실

초등학생 2명, 중학생 2명, 고등학생 1명의 학부모와 교실이라는 공간을 주제로 대화를 나눴다. 엄마가 가장 우려하는 것은 차별이었으며, 그리고 앞자리에 앉는 것, 항상 교사의 관심과 배려를 받는 것, 친구들과의 관계는 너무 과하지도 소외되지도 않을 만큼 소통되는 것, 무사히 교실 안에서 사춘기를 통과하는 것을 바랐다. 그래서 일렬의 책상과 의자 대신 원형의 책상과 의자를 원했다.

두 딸을 둔 엄마가 바라는 교실

학교는 집에서 사회로 가는 첫 문이며 교실은 아이의 방이 집에서 학교로 장소만 옮겨진 공간이다. 스스로의 힘으로 어떤 일을 해결하는 데 익숙하지 않은 아이가 학교라는 장소와 친구들과의 관계를 통해 나만의 공간과 관계에서 집단을 경험하는 장인 것이다.
아이가 엄마의 품을 떠나 학교에서 겪는 경험과 친구들과의 관계를 통해 학교를 행복하고 신나고 가고 싶은 곳으로 느낄 때, 엄마는 행복해지고 안도감이 든다. 반면 학교에 가면 집과는 다른 경직됨과 삭막함이 있거나, 춥거나 덥지는 않을까 하는 조바심이 아이가 하교해서 돌아올 때까지 엄마의 마음속에 문득문득 떠오른다.
우리 아이가 생활하는 교실 공간은 아늑함과 현대적인 매체를 다양하게 겸비했으면 하고 엄마는 바란다.
교실은 공부도 하고 독서도 하고 토론도 하며, 선생님 이야기에 귀 기울이는 동시에 새로운 지식과 상상을 펼칠 수 있는 공간이다. 또한 사회의 변화를 이해하고 이를 간접 경험할 수 있는 공간이어야 한다. 정해진 공간을 재구성하여 아이에게 편안하고 활동적인 공간으로 나눈다면 크게 독서 공간, 스터디 및 토론 공간, 검색 공간, 자연 공간이 있었으면 싶다.
독서 공간은 파스텔 톤의 공간으로서 바닥에 따뜻한 온기가 돌 수 있는 좌식 공간을 만들고, 주변에 산뜻한 쿠션도 배치하여 유사시에 상담 공간으로도 활용할 수 있도록 설계하였으면 한다. 그리고 책장에 책이 가득가득 꽂혀 있어 언제든 꺼내 볼 수 있었으면 좋겠다.
스터디 공간은 선생님 얼굴과 친구들 얼굴을 마주할 수 있는 공간으로, 조립형 책상 위치를 자유자재로 바꿀 수 있다면 다용도로 사용할 수 있을 것이다. 공부에 필요한 교구들은 가까운 곳에 위치하여 언제든지 가져다 활용할 수 있도록 해야 한다.

대신 개인 사물함을 복도에 설치한다면 교실을 좀 더 넓게 사용할 수 있을 것이다.

검색 공간은 시시각각 변화하는 사회 모습과 여러 지식들의 발전을 한눈에 볼 수 있으며 아무 때고 필요한 자료를 검색하고 활용할 수 있는 공간으로 마련되었으면 한다. 선생님의 언어적 학습 지도와 더불어 스스로 찾아가는 자기 주도 학습 형태가 학교에서부터 연결된다면, 과제 해결도 집에서 스스로 탐색할 수 있는 습관이 배지 않을까 기대한다. 그리고 검색 장치가 공간을 적게 차지하는 벽걸이 형이라면 좁은 교실을 좀 더 넓게 활용할 수 있을 것 같다.

자연 공간은 초등학교 교실에서 종종 보인다. 자신이 지켜주어야 할 식물을 스스로 키우고 변화하는 모습을 계속 관찰하는 것을 습관화하여 생명의 변화와 더불어 소중함을 심어주었으면 한다.

하지만 가장 중요한 것이 남아 있다. 반 학생들이 15명 이내면 어떨까? 요즘에는 한 가정에 한두 명의 아이뿐이다 보니 귀하게 잘해주어 내가 최고라는 생각이 만연해 있다. 상대에 대해 배려하는 자세로 토론하고 대화하는 가운데 상대를 잘 이해하게 되었으면 좋겠다. 특히 담임선생님에게는 소수의 학생들을 더욱 관심 있게 지도할 수 있는 환경이 조성되었으면 한다.

오늘 아침도 우리 집 아이는 힘차게 책가방을 메고 학교에 갔다. 많은 시간을 학교에서 보내고 돌아오면 하루 동안 일어났던 일들을 종알종알 말하곤 한다. 아직은 선생님이 좋고 친구가 좋으며 학교가 즐겁기 때문이겠지. 집은 아니지만 따스한 느낌이 있는 곳이 내 아이가 다니는 학교였으면…….

교사가 바라는 교실

박인우는 「중등 교사가 인식한 현재 교실의 문제점과 미래 교실에 대한 기대에 관한 연구」에서 현재 교실에서 가장 큰 문제점을 책걸상, 멀티미디어 시설, 칠판(분필), 멀티미디어 시설 유지 보수, 학생 사물함 문제로 보았다. 미래에 기대되는 교실 환경으로는 최신의 멀티미디어 시설, 전자칠판, 학생들의 성장에 맞는 책걸상, 학생용 컴퓨터, 교과 전용 교실, 더욱 크고 기능이 많은 학생 사물함이 필요하다고 했다. 그리고 미래 교실은 개인 학습 공간이 확보되고 융통성 있는 학습 공간이 가능한 일반 교실, 음악실, 미술실, 과학실 등의 다양한 교과 교실과 여유 교실을 확보해야 하며, 특히 소집단 활동 학습 공간을 늘리는 한편, 디지털 및 무선 기술이 통합된 공간을 지향해야 한다고 했다.

위 연구는 교실을 하나의 물리적 공간으로만 인식한 것이라고 판단된다. 물론 그동안 사적인 자리에서 동료 교사와의 대화를 통해 알 수 있었던 교사가 바라는 교실 공간은 업무의 수월함 위주가 많았다. 최신의 멀티미디어 설비를 단순하게 조작할 수 있어야 하며, 유지 보수가 빠르게 이뤄져야 한다. 깔끔하고 정리정돈이 잘 되어 있는 교실이어야 한다. 그러나 그것보다 더 중요한 것은 배움이 이뤄지는 교실, 지적 호기심이 가득하고, 진지한 고민과 생각들이 이뤄지는 공간이길 바라는 교사도 많았다. 아니 교사 모두의 바람이고 목적이라고 할 수 있다. 학생 인원수는 30명이 넘지 않기를 간절하게 바라며, 15명 내외를 가장 희망한다. 15명은 학생 한 명 한 명의 일상을 따뜻하게 배려하며, 가끔 길게 기다려주기도 하고, 함께 미래를 고민하고 조언해줄 수 있는 시간과 호흡을 확보할 수 있는 숫자이다.

장소로서의 교실

지리학에서 장소를 바라보는 관점의 역사는 세 가지가 있다.

첫 번째는 장소를 세계 속에 존재하는 사물, 즉 고유한 특성을 지닌 지역으로 바라보는 지역 지리적 접근이다. 학교 안의 모든 교실은 같으면서 다 다르다. 그 다름을 인정하고 다양성을 끌어내는 데 관심을 두어야 한다. 우리는 그곳이 모두 같다고 생각하고 같아야 한다고 생각하며 비교하고, 차별하고, 억압한다. 이제 우리는 교실이라는 그 공간의 주체를 학생으로 두고, 그들이 다양하게 꾸밀 수 있도록 물리적 유연성이 있는 공간 제공에 대해 고민을 해야 한다. 새 학년이 될 때 모두 같은 옅은 녹색의 페인트 대신 그들이 선택한 벽지를 직접 붙이고, 원한다면 그래피티 벽 공간도 만들고, 10대의 감성으로 거칠지만 통쾌한 문 장식 등이 가능하게 하는 것이 어떨까? 학년마다 다르고, 반마다 다른 특성이 생생한 교실이라면, 교사인 나는 수업 시간에 들어갈 때마다 그 교실의 개성에 맞는 수업 준비와 마음가짐을 하게 될 것 같다. 같은 학습 내용도 그 교실 분위기에 맞게 재구성하는 것을 자연스럽게 고민하게 될 것 같다. 학생들이 살아 있으니 내 수업도 살아 있어야 한다는 것을 몸과 눈이 알아차릴 것 같다.

두 번째는 장소를 인간 실존의 근원으로 보는 인본주의적 접근이다. 이는 인간이 자신의 실존을 위해 뿌리내림으로써 그 안에서 진정성 있게 살아가는 토대로 만들어가고 인간으로 인해 재창조되는 장소의 변화 가능성을 담고 있다. 즉 고정된 그곳에 학생들 간의 갈등과 폭력, 화해와 이해, 웃음과 울음, 배움과 좌절, 상처와 희망이 버무려지며 어제와는 다른 오늘의 더 나은 삶터로 만들 수 있도록 안내하고 지원하고 바라봐주는 곳이다. 교실 안에서 학생들 각자가 자리를 잡을 수 있도록 충분하게 갈등하고 의견을 모으고, 배려할 수 있어야 한다. 인간은 각자의 자리에 뿌리내릴 때 자존감과 소속감, 자신감이 충만해진다. 교실에서 가능하다면 더 넓고 복잡한 세상에서도 자신의 자리를 만들 수 있는 마음의 주춧돌이 생기는 것이다.

세 번째는 사회 구성론 접근으로서, 인본주의적 접근과 인문지리학을 결합한 관점이다. 장소는 다양한 사회적 관계를 통해 형성되는 과정이라고 본다. 즉 장소란 사회적으로 구성되는 것이다. 학생들끼리의 관계, 교사와의 관계, 학교 관리자와의 관계, 부모와의 관계의 결과가 날마다 역동적으로 엮이는 공간이 교실이다.

교실 창문 너머의 세상

교실은 그렇게 폐쇄적으로 인식될 수도 있다. 그러나 조금 더 둘러보자. 창 너머에 운동장이 보이고, 운동장 너머에는 스카이라인을 따라 드러나는 세상이 보인다. 가까운 곳에서 먼 곳까지 모두 교실 안에서 바라볼 수 있는 것들이 있다.

여고생들에게 한 네 번째 질문은 '교실 창 너머의 세상은 어떤 곳일까?'라는 것이었다. '자유롭지만 자유롭지 않은 세상', '상상하지 못한 것들이 가득한 세상', '학교와 똑같은 세상', '냉정한 세상', '시작종과 끝종이 없는 곳', '나를 모르는 사람이 많은 곳', '상식이 통하지 않는 곳', '빈부 격차가 심한 세상' 등 긍정적인 꿈과 희망으로 가득한 곳은 아니었다. 그리고 구체적인 곳도 아니었다. 학생들은 가끔 미디어에서 들리는 이야기, 책 속에서 판단한 세상을 전부라고 생각하는 경우가 많다. 경험하기도 전에 지나치게 낙관적이거나 절망적인 곳으로 판단하는 경우가 많다. 어떤 곳이나 먼저 그곳을 알기 위해서는 다양한 관점에서 정리된 구체적인 정보가 필요하고, 직접 그곳을 걸어보고 대화하고 그려보아야 한다. 그 과정에서 장소를 이해하고 관계하며 미래의 구체적인 장소의 방향성을 설계할 수 있다. 그래서 나는 의도적으로 창밖의 세상을 교실 안으로 끌어들인다.

서방천과 용봉천, 그리고 복개도로

내가 근무하는 학교 학생들은 장마철과 한여름에 정문에 들어서면 시궁창 냄새가 난다고 투덜거린다. 동네가 썩었다, 학교가 썩어서 그렇다고 불평불만이 극에 달한 어느 날, 나는 창문 너머 교문 밖으로 학생들의 시선을 고정시켰다. 그리고 서방천과 복개도로 이야기를 풀어나갔다. 학교 앞 4차선 도로는 문흥동에서 발원하여 광주의 남서쪽으로 흐르다가 우리 학교를 지나 용봉천 물과 합류하여 광주천에 흘러드는 서방천을 1987년쯤부터 복개한 것이다. 학교 정문 앞 맨홀에서 햇살을 받지 못한 시냇물이 토해내는 향기인 것이다. 신안교에서 무등 경기장 주변 두물머리까지는 집중호우로 인한 범람으로 복개를 철거한 상태이다. 복개로 인하여 오염이 심각한 샛강은 광주천, 멀리는 영산강 오염의 시작이 되고 있다. 냄새를 풍기기 전 학교 앞은 물이 흐르는 하천으로 동네 주민들의 빨래터였고, 아이들의 물장구 놀이터였다. 한때는 생활하수 냄새로 고통받았고 여름철 폭우 때는 물이 넘쳐서 제방 주변 가옥에서는 물을 퍼내느라 분주했던 곳이다. 복개도로는 신안동에서 용봉동, 용봉동에서 각화동과 문흥동으로 이어지는 지름길을 만들어 자동차는 쌩쌩 달릴 수 있으나, 그 아래 맑았던 시냇물이 생활하수 유입과 산소 부족으로 심하게 오염된 지역이다. 눈을 가려 외면하기는 쉬우나 흘러나오는 결과는 처참하다. 이는 신안교만 넘어가도 느낄 수 있는 사실이다. 학생들은 용봉동 동장이 되면 복개한 곳을 복원하여 살아 있는 시냇물로 만들고 싶단다. 그래서 징검다리를 건너 학교를 다니는 상쾌한 모험을 상상하며 즐겁게 학교에 등교할 수 있다는 생각이 잠깐 스치기도 한단다.

창문 너머 맨홀의 향기는 환경오염을 화두로 던져서 장소를 재창조하는 능동적인 시민, 혹은 자치단체장의 꿈을 꿀 수 있게 한다.

충장로와 광주읍성, 그리고 광주 폴리

우리 학교 학생들은 시험이 끝난 뒤 전남대학교 후문에서 일탈을 즐긴다. 방학을 하거나, 크리스마스에는 충장로로 진출하여 거리를 활보한다. 광주의 충장로는 서울의 명동, 부산의 남포동이다. 충장로는 학교에서 출발하면 버스로 23분이면 환승 없이 1,100원으로 갈 수 있다. 왜 그곳이 그렇게 신나는 장소냐고 물으니 공기가 다르단다. 자유롭단다. 낯선 도시의 공기가 자유로운 것은 몸에 밴 역사다. 중세 이후 상업 혁명 시기 무역으로 신부유층이 생기고 그들이 왕의 권력을 등에 업고 도시에 성벽을 쌓았다. 성 안에서 1년을 무사히 보내면 도망친 농노도 영주로부터 자유를 얻었다고 한다. 우리 학생들에게는 상업 광고와 미디어의 영향으로 교실보다 오히려 현실적인 공간일 수도 있다. 그래서 더 익숙하고 편안한 공간이 될 수 있다는 생각이 든다.

그들에게 자유의 공간인 충장로를 교실에서 화두로 삼는다. 다음에 친구들과 충장로를 자유롭게 걸을 때 낙안읍성과 유사했던 광주읍성을 상상하며 걷게 한다. 읍성의 성벽 터 곳곳에 자리 잡은 광주폴리를 확인해보고 광주의 근현대사를 가슴에 담고 눈빛을 교환하게 한다. 정세훈과 김세진의 '열린 장벽'에서는 조선 후기 막혀 있던 벽을 기억하고, 닫혀 있는 DMZ를 아파하고, 베를린 장벽의 흔적에서 희망을 꿈꾸게 한다. 프란시스코 사닌의 '광주 사랑방'에 들러 아시아 문화 전당 공사 방음벽의 그래피티에서 공감하고, 사랑방을 넘나들며 춤추는 비보이를 사랑하게 한다. 플로리안 베이겔의 '서원문 제등'에서 서원문을 통해 광주읍성을 드나들던 키 작은 조선인의 소박한 생존감을, 일제의 도시계획으로 무너지는 광주읍성을 분노와 억울한 심정으로 바라보고 있는 농민들의 표정을, 5·18 민주화 운동의 실상을 왜곡한 방송국을 불태울 수밖에 없었던 민주화에 대한 열망을 떠올리기를 바란다.

창평 슬로시티

본인은 지역 연구와 답사를 주로 하는 W라는 동아리의 지도 교사다. 올 한 해 동안 W 동아리 활동으로 양림동 광주 근대 문화 역사 지역, 철도 폐선 부지에 조성된 푸른 길, 광주읍성과 광주 폴리, 전통 시장(양동 시장, 대인 시장)과 대형 할인 마트, 무등산, 광주 주변 지역인 창평 슬로시티 답사를 진행했다. 동아리 평가 시간에 가장 마음의 힐링이 되었던 장소로 창평 슬로시티가 선택되었다. 그 이유는 벼가 익어가는 황금빛과 전통 한옥의 아늑하고 우아함, 그리고 소박한 설렘을 주는 돌담길이 마음을 맑게 여유롭게 했기 때문이라고 대답했다.

학교 밖 '나들이'는 학교 주변의 경관, 계절의 변화, 식물과 동물, 주변 사람들, 직업 생활 등을 경험하고 이해하는 기회를 제공하는 활동이다. 즉 지역의 삶과 교류하고 우애를 쌓는 기회이며 교실을 학교 밖으로 확대하는 의미가 있다(정훈, 2009: 165~167). 나들이를 통해 교실은 실제 사회와 고립된 기관이 아니라, 상호 연결되고 상호 의존하며 상호 작용하는 세계가 된다. 교실은 세상 속으로 확장되어 아이들이 삶의 공동체에 참여하고, 타인과 타 문화를 더욱 잘 이해할 수 있게 하는 길을 열어준다. 이 점에서 교실은 '세상의 일부'로 기능한다(Acker, 200: 15~16).

학생들이 만드는 지역성

지역성은 이데올로기이며 담론 효과이다. 최근 중앙 관제 중심의 지역 관념을 해체하고 지역의 본원적이며 창의적인 의미를 찾을 필요가 있다. 지역성은 역동적이며 다층적이며 고정적이지 않다. 지역성은 가능성의 공간이다. 지역성은 장소에 대한 구체적 체험을 바탕으로 형성된다. 장소는 지역의 구체적 능동태이며, 창발적 담론 생성의 공간이다.

학생들이 생각하는 광주의 특성이나 이미지를 찾아보는 수업을 해봤다. 학생들은 학습된 '무등산, 빛고을, 문화 수도, 비엔날레, 민주화의 성지, 예향의 도시, 의향의 도시' 이외에 '수지, 유노윤호, 승리, 구하라, 고아라 등 아이돌의 도시'로 더 알려지길 원했다.

저 산 너머의 세상

광주광역시는 행정구역상 담양군과 장성군, 함평군과 나주시, 그리고 화순군에 접해 있다. 광주의 동쪽은 산지이고, 서부는 평야지대이다. 무등산에 올라 광주 시가지를 내려다보면 산으로 둘러싸인 분지의 일부이다. 시청을 중심으로 동쪽으로는 무등산(1,187m), 서쪽으로는 어등산(293m), 남쪽으로는 정광산(355m), 북쪽으로는 병풍산(822m)이 감싸 안고 있다. 그 산 너머에는 바다와 대륙이 있고 그 너머에 세상에서 광주를 떠올리게 하는 곳도 있다. 그곳이 북아일랜드 데리와 에스파냐의 바르셀로나이다.

북아일랜드 데리와 광주

북아일랜드의 데리Derry는 영화 「피의 일요일Bloody Sunday」로 우리에게 알려진 도시이다. 1613년 런던 길드 지배를 시작으로 영국의 식민지가 되었고 여전히 독립운동을 하고 있는 지역이다. 영화는 1972년 영국 군대의 아일랜드 시위대 진압 과정을 담은 것으로 영국과 아일랜드가 공동 제작하여 베를린 국제 영화제(2002)에서 금곰상을 수상한 작품이다. 피의 일요일 사건은 광주의 5·18 민주화 운동과 비교하면서 많은 생각들을 함께할 수 있는 사건이다.

광주와 바르셀로나

바르셀로나는 에스파냐 카탈루냐 자치 지방 바르셀로나주의 주도이다. 고유의 카탈루냐어를 갖고 있고 카탈루냐 문화에 대한 긍지와 진보적 시민 자치의 전통을 이어가고 있는 도시이다. 1939년 프랑코군에 의해 함락되었으나 프랑코 독재에 끝까지 저항한 곳이다. 프랑코의 거점은 에스파냐 수도 마드리드이다. 프랑코 정권의 지원이 쏟아진 에스파냐 수도 마드리드와 카탈루냐 주민들의 도시인 바르셀로나는 정치·경제·사회·문화 모든 면에서 경쟁을 해왔다. 특히 프로 축구팀인 레알 마드리드와 바르셀로나의 경기는 우리나라 1980년대의 해태 타이거즈와 롯데 자이언트의 프로 야구 경기처럼 치열한 경쟁 관계를 지금까지 보여주고 있다.

바르셀로나는 1992년 하계 올림픽을 개최했고, 개인의 창작물로는 최초로 세계문화유산이 된 가우디의 건축물을 도시 곳곳에서 볼 수 있는 곳이다. 또한 피레네 산맥의 수력 발전과 자동차와 항공기 공업, 식품가공업, 그리고 인쇄업이 활발한 곳이다. 문화 수도로 성장하고 싶은 광주가 많이 배워야 하는 곳이다. 바르셀로나는, 학생들과 광주의 역사와 문화, 그리고 광주의 긍정적인 미래에 대해 흥미를 갖고 이야기할 수 있는 장소가 된다.

지구적 장소감 갖기

사물이 속도를 더 내고 널리 확산되는 시대, 자본과 금융의 국제화, 더 자주, 더 먼 거리의 여행이 가능한 시대, 내 몸에 있는 속옷, 겉옷, 신발, 가방, 볼펜, 책, 포스트 잇, 지우개, 필통, 안경, 렌즈, 스마트 폰은 전 세계의 10개국 이상을 거쳐서 온 것이다. 가족과 함께 하는 저녁식사는 노르웨이산 고등어, 중국산 죽순나물, 미국산 콩으로 만든 된장으로 끓인 국, 캐나다산 돼지고기로 만든 햄, 이탈리아산 올리브유를 끼얹은 샐러드로 차려지고 후식은 칠레산 포도이다.

시공간 압축 효과의 불안정성과 요동치는 영향, 그리고 취약성에 대한 감정 강조, 평화와 안식이란 장소, 로컬리티에 대한 강한 감정으로서 소란으로부터의 피난처가 되어준다. 장소의 진정한 의미란 안정된 정체성에 대한 욕망의 결과로 해석된다. 이는 실생활의 역동성과 변화로부터의 후퇴로 해석되기도 한다. 더 나은 삶을 위해 사물을 변화시키고자 한다면 이 실생활의 역동성과 변화를 붙잡아야 한다.

장소감이란, 장소와 그 장소 이외의 장소를 서로 연계시킴으로써 구성될 수 있는 '장소의 특성'을 이해하는 것이다. 진보적 장소감은 장소에 위협당하지 않고도 그것을 인식할 수 있는 것이다. 우리에게 필요한 것은 지역에 대한 지구적 감각, 즉 지구적 장소감이다.

삶의 공간으로서의 교실

학생들의 발달 단계에 맞는 교실

교실 환경은 교사의 교수 활동 외에도 학생들의 생활 공간이다. 교실 환경은 학생의 다양한 활동이 이뤄지고 교사와 학생 간, 학생들 간에 관계를 형성하는 장소다. 그러므로 교실은 오로지 교육을 목표로 하기보다는 학생들의 전반적인 발달 내용을 고려하여 계획되어야 한다(이현지·강문주·이혜경, 2013). 지면 관계상 학동기와 청소년기의 모든 발달 특징과 발달 과업을 달성하기 위한 교실에 대하여 논할 수는 없지만 일부 상식적으로도 알 수 있는 발달 단계별 교실의 변화를 언급하고자 한다.

6~11세의 학동기 아동은 도구 사용보다 자신의 몸을 이용하는 운동을 선호한다. 부모와의 분리 불안으로 인해 학교 등교를 거부하기도 한다. 로버트 하비거스트Robert J. Havighurst가 말하는 학동기의 발

달 과업은 신체 기능 발달, 사고력과 기억력, 성취감과 자신감, 성에 대한 사회적 역할과 집단 문화에 적응하는 것이다. 이를 고려하여 초등학교와 중학교 2학년까지의 교실에는 몸의 활발한 움직임이 보장되고 누구나 한 번 이상의 리더가 될 수 있는 기회를 제공하는 소규모 집단 활동이 가능한 유동적인 책걸상 등이 고려되어야 한다.

12~18세의 청소년기는 운동 능력의 현저한 변화와 남녀 차이가 커지고 내면적인 것보다 외적인 부분에 많은 관심을 둔다. 또한 독립과 자주 생활 의지가 강해지고 또래 집단과 어울리는 한편, 사회적 승인의 욕구와 소속의 욕구가 강해지는 시기이다. 로버트 하비거스트의 청소년기 발달 과업은 성숙한 이성 관계와 역할 감당하기, 부모로부터 정서적 독립, 직업 선택과 준비, 지적 기능과 개념의 발달, 사회적 책임 있는 행동의 요망과 수행, 가치관과 윤리 체계 습득이다. 이러한 특징을 고려한 중학교 3학년과 고등학교의 교실은 남학생은 체육시설과의 접근성을 높이고, 다양한 주제로 협동 활동을 할 수 있도록 유동적인 책걸상이 있어야 하고, 외모에 대한 관심을 표출할 수 있는 거울과 탈의실 확보도 필수적이며, 여유롭고 다양한 공간이 필요하다고 생각한다.

치유 공간으로서의 교실

사전적으로 치유(healing, 治癒)란 심리적인 안정감을 주는 것, 또는 그것을 주는 능력을 가진 존재의 속성을 말한다. 특히 사람의 심리를 자극하여 치유 효과를 주는 디자인은 고도의 복합적 요소를 종합한

발달 특성	내용
신체적 능력 발휘	행동 지원 가능하고 유지 보수가 용이한 마룻바닥 다양한 레벨의 바닥(좌석 제공)
다중적 능력 표현	자율적 이동이 가능한 책걸상 교실의 개방 정도를 선택할 수 있는 문 채광이 보장되는 교실 창 확장된 창틀과 문틀 활용하고 변형할 수 있는 구멍 뚫린 벽돌 변화 가능한 벽
자아 중심적 영역 구분	독립적 공간 제공 정체성을 부여할 수 있는 교실 앞 유리 진열장 영역 분리를 위한 바닥 레벨 변화
사회적 접촉 추구	우연한 접촉이 빈번한 공용 공간 중심 배치 외부 공간과의 연결이 자연스러운 돌출된 창문 사회적 규칙을 이해할 수 있는 다목적 가구

헤르만 헤르츠버거의 학동기 교실 환경의 치유 환경적 요소

지적 조형 활동이다. 대표적인 조형 요소는 컬러, 선, 질감과 형태, 그리고 여백이다.

컬러가 가진 일정한 물리적 파동과 시각적 자극을 통해 심리적 안정감과 열정, 감정의 변화를 가져온다는 것은 잘 알려진 사실이다. 칠판과 게시판의 녹색, 생명력 없는 무채색의 벽, 그리고 창밖의 열정을 잃게 하는 커튼 색이 전부인 교실의 색채 변화는 반드시 필요하다고 생각한다.

선은 다양한 감정과 역동성을 암시한다. 다음은 가까자까 미노루(高城 美紀, 2005, 22~29쪽)의 치유 효과가 있는 색, 선에 관한 표이다.

치유하는 질감의 5대 조건은 살아 있는 것을 흉내 낸 것, 자연 소

재를 사용한 수작업의 흔적이 느껴지는 것, 빛을 투과하여 투명하게 보이는 것, 겹쳐 보이는 것, 수분을 함유하거나 촉촉한 느낌이 있는 것이라고 한다. 그리고 치유하는 형태의 5가지 포인트는 직선이 없을 것, 동그라미, 별, 봉과 같이 기본적인 형태의 덩어리일 것, 파장의 너울을 가지고 있을 것, 한 점에서 퍼져나가고 한 점으로 모이는 형태, 닮은 것이 있어도 같은 것이 아니며 색과 형태에 얼룩이 있을 것이다(박영주, 2010).

복숭아색	아마색	약초의 색	하늘색	등나무 꽃 색

편안함을 전달하는 색

짙은 갈색	붉은 갈색	겨자색	포도껍질의 보라색	상록수의 색

침착함을 전달하는 색

당홍화 수박의 빨간색	바나나의 노란색	로즈핑크	애플그린	타코이즈 블루

행복감을 전달하는 색

나는 현재의 교실에서 가장 아쉬운 부분이 여백이라고 생각한다. 교실에 여유 공간뿐만 아니라 여백이 없다. '여백'은 생동감과 숨이 있다(김유선, 1997, 3쪽). 여백은 주관적인 자기 심정을 담담하게 표현할 수 있는 정적인 아름다움을 가져다준다(최영은, 2004, 3~4쪽). 나는 교실 한 면을 여백으로 둔다면 학생들에게 공간과 상상의 여유뿐만 아니라 마음의 여유를 갖게 해줄 수 있을 것이라고 생각한다. 그리고

안심감	여유	부푼 기쁨	자유, 자립	즐거움	편안함
작은 기쁨	생명력	즐거운 변화	상쾌한 고급스러움	섬세함 시간 흐름	놀이 감각자극

선의 형태가 주는 치유의 효과

한 면은 학생들 스스로 협동하여 꾸밀 수 있는 공간으로, 다른 한 면은 함께 생활하는 교사가 채우는 공간으로 제공하는 것도 의미가 있다고 생각한다.

사고를 자극하는 다양한 소품이 있는 교실

교실에 다양한 책과 학습 도구들이 있었으면 좋겠다. 책과 잡지, 지구본과 지도, 동네 지도, 광주 지도, 한국 지도, 세계 지도, 우주 천체 모형 등이 자유로우나 질서 있게 배치되어 있으면 좋겠다.

한때 학급 문고 만들기가 유행한 적이 있다. 3년 전 우리 교실에도 닫힌 낡은 책장과 누렇게 변한 책 몇 권이 남아 있었다. 우리는 과감하게 책장을 치우고 교실 전체에 다양한 책을 펼쳐놓았다. 내가 당시에 읽었던 책들과 잡지들, 46명의 학생들이 한 권씩, 한 권씩 1년간

기증한 책들을 자연스럽게 주변에 두었다. 대출 기록 없이 손에 닿는 대로 읽고 함께 이야기할 수 있도록 했다.

2013년 동아리 활동 지원금으로 각 학급에 지구본을 둘 수 있었다. 쉽게 고장 날 수 있다는 염려보다는 학생들의 세계 지도 이해와 세계 각 지역에 대한 호기심 유발 효과가 훨씬 컸다. 점차적으로 예산을 확보하여 각종 지도와 천체 모형, 좋은 그림과 사진 등 다양한 감성과 창의성을 자극할 수 있는 소품이 있는 교실을 상상하게 되었다.

최신 멀티미디어 활용이 가능한 교실

같은 지형을 사진으로 보여줄 때와 노트북으로 연결한 TV로 보여줄 때, 아이패드로 연결한 TV로 보여줄 때 집중도가 달랐다. 학생 활동 결과물을 실물 화상기를 이용할 때보다 아이패드 동영상으로 바로 연결하여 TV로 보여줄 때 집중도가 달랐다. 스마트 폰의 다양한 기능을 활용하는 수업도 흥미와 집중, 성취도가 높았다. 해외 답사 중 페이스북을 이용하여 답사 지역의 사진과 동영상 자료를 제공하여 더 많은 학생들의 흥미와 관심을 유발했다.

진정성 있는 소통이 가능한 인원수

학교마다 차이가 있지만, 교사 입장에서 수업 혹은 학급 운영을 할 때 40명이 넘어가면 힘들어진다. 질적인 면에서뿐만 아니라 양적인 면에서도 버거워진다. 즉 수업은 강의식 수업 위주가 될 확률이 높고, 학급 운영은 날마다 일어나는 문제적 사건들을 형식적으로 해결하기에도 바쁘다. 유사 사건에 따라 유형화된 매뉴얼의 절차에 따라 진행하기도 힘들다는 것이다. 문제적 사건들, 즉 학급 구성원 간의 갈등을 건강하게 해결하고 소통의 기회로 승화시키기는 어렵다는 것이다. 또한 개개인의 강점을 발견하고 칭찬하며, 그 점을 살려 진로를 탐색하고 선택하기 위해 필요한 대화를 하기에는 시간이 많이 부족하다.

교사와 학생들이 바라는 가장 이상적인 인원수는 15명이다. 이는 우리 학교 50명의 교사와 50명의 학생들에게 설문 조사한 결과이다. 15명의 학생과 함께 수업을 한다면 학습 주제에 관한 다양한 질문과 응답이 이루어질 수 있고, 다양한 자료를 활용한 수업이 가능해지며, 학습 성취에 관한 피드백을 15명 모두에게 할 수 있다. 학급 학생이 15명이라면 담임의 업무가 3분의 1로 줄고 가장 필요한 개인별 특성에 맞는 상담 시간과 횟수가 늘어날 수 있다. 담임교사가 개개인의 일상과 미래에 관심을 둘 수 있는 시간이 많아질수록 최근 문제가 되고 있는 학교 폭력과 왕따 문제, 인성 발달의 문제를 다각도에서 치유할 수 있는 여지가 많아질 것이라는 게 우리 학교 교사 다수의 의견이다.

학생들의 입장에서 학급 친구가 15명일 때 급우들끼리 더 많은 대화와 활동을 하다 보면 이해하고 공감할 수 있는 관계가 형성될 수 있을 것이라는 이야기를 했다.

학교 교실 개혁의 가장 첫 번째 요구는 교실 인원수 감축이다. 이는 예산 확보와 교육 관련법과 관련 있기 때문에 대통령의 의지와 국회의 적극적인 행동이 필요한 사안이다.

개성 있게 변화 가능한 교실

오늘의 교실 유형은 그리 오랜 전통은 아니다. 조선시대 서당은 책걸상이 없는 일자형 평면의 방으로서, 그곳에서 학생들은 둘러앉아 배웠다. 일제 강점기의 소학교 교실이 지금 교실의 시작이라고 볼 수 있다. 책걸상과 멀티미디어 시설의 변화는 가져왔지만 여전히 획일적이고 폐쇄적이며, 고정적이다. 많은 학교에서 교과교실제로 학교의 물리적 환경 변화가 한창 일어나는 중이고 교과교실제가 신설되는 학교도 많다. 그럼에도 학생들과 학부모의 의견이 반영되는 교실 공간은 드물다. 그래서 교실은 더욱 수동적이고 답답한 공간으로 전락하는 곳이 될 수도 있다.

바람은 그해 학급 구성원들이 원하는 교실이 될 수 있는 여유 공간을 두는 것이다. 교실 벽색과 커튼, 다양한 소품 선택, 그리고 책상 배치와 게시판의 자유로운 활용 등으로 변화 가능한 곳, 학생들 스스로 변화 주체라는 사실을 경험할 수 있는 교실 공간이길 바란다.

세상을 담아내는 풍성한 공간

교실은 세상 이야기를 너그럽게 풀어갈 수 있는 풍성한 공간이어야 한다. 교실에서 함께 사는 모든 교사는 교과와 상관없이 자신의 삶을 보여준다. 다양한 삶을 사는 교사의 존재 자체가 학생들에게는 다양한 인간 유형이다. 교사들은 자신의 삶과 교과 지식을 전달할 때 공간의 확장을 의도했으면 좋겠다. 교실 안의 이야기와 학교 이야기, 학교 주변 동네와 지역 이야기, 도시 이야기, 내 삶터와 엮일 수 있는 세계 지역 이야기, 우주 이야기, 가상 세계 이야기가 풍요롭게 오고 갔으면 좋겠다.

참고문헌

박인우(2010), 「중등 교사가 인식한 현재 교실의 문제점과 미래 교실에 대한 기대에 관한 연구」, 『교육방법연구』 제22권 제1호, 265~290쪽.
정훈(2013), 「자유적 주체성 형성의 장으로서 교실공간의 가능성: 가타리 이론과 프레네 실천의 만남」, 『교육철학』 제49집, 293~320쪽.
박형준(2012), 「장소성의 재개념화와 문학교육」, 『국어교과교육연구』 제20호 179~196쪽.
박수경·문정민(2011), 「치유적 환경을 위한 공간 디자인 연구 경향에 관한 연구-건축 및 실내디자인 학회의 연구 내용을 중심으로」, 『한국 실내디자인 학회 논문집』 제20권 4호(통권 87호), 21~28쪽.
이현지·강문주·이혜경(2013), 「학동기 아동을 위한 치유 환경적 요소에 관한 연구-학동기 아동의 발달특성을 지원하는 초등학교 교실의 사례를 중심으로」, 『한국 실내디자인 학회 학술 발표대회 논문집』 제16권, 90~93쪽.
박영주·노아름(2010), 「디자인적 치유의 방법에 관한 연구-패키지 디자인을 중심으로」, 『한국디자인 포럼』 제28권, 176~183쪽.

06

교육복지

좌충우돌, 강점 관점 교육복지 실천 이야기

이선화

한창 커가는 우리 보배들이 꼭 들르는 필수 코스 '학교.'
학생들은 학교를 다니는 게 아니라
'나에게 찾아올 기회를 만나러 온다!'는 생각이 듭니다.
이 강점 관점으로 학생을 만난다면,
그 학생이 퍼트릴 사랑의 석류 알은 더 멀리 날아갈 거예요.
위대한 한 명의 지도자가 인도를 평화로 구했던 것처럼요.

사회복지와 교육복지 이야기

'복지.' 우리는 아침에 눈을 떠 하루를 마감하는 잠자는 시간까지 다양한 복지 서비스를 만납니다. 뭘까 궁금하시죠? 저의 하루 일과만 보더라도 무상교육과 무상급식으로 큰아이가 초등학교에서 복지 서비스를 받고, 둘째 아이는 무상보육으로 어린이집에 다니고 있습니다. 몸이 아파 병원에 간다면 약간의 본인 부담금을 지불하면 어렵지 않게 치료받을 수 있습니다. 이 정도는 기본적인 걸로 대부분의 사람들이 상황에 따라 생애주기별로, 소득수준별로 다양한 복지 서비스와 만납니다. 요람에서 무덤까지라는 이야기처럼 복지 서비스는 우리 삶 깊숙이 자리 잡고 있습니다. 또한 '복'을 뜻하는 '복福' 자와 '복'을 뜻하는 '지祉' 자가 합쳐져 행복한 삶을 뜻하는 것처럼, 복지福祉란 많은 사람들이 추구하는 최고의 가치이기도 합니다.

복지의 최초의 모습은 어려운 이웃이나 타인을 돕는 그 '마음'으로 전쟁고아나 부랑자 등의 빈민 구조로서 최소한의 생계를 지원하는 국가적 시혜였습니다. 그로부터 현재는 교육, 보건, 생애주기별 맞춤형 문화복지 서비스 등 전 국민의 보편적인 복지에 이르기까지 그 모습이 다양하고 발전의 속도도 빠릅니다.

대상별 구별에 있어서도 전통적인 복지 사업인 아동, 청소년, 노인, 장애인, 지역 복지 외에 군 사회복지, 의료 사회사업, 정신보건 사회사업, 학교 사회사업 등 다양한 삶의 영역으로 확대되고 있습니다. 운전면허증 다음으로 많이 가지고 있는 자격증이 사회복지사 자격증이라고 하며, 군인 수 다음으로 많은 것이 사회복지사라고 합니다. 그만큼 사회복지 서비스가 다양화되고 있으며 사람이 사는 곳이면 복지는 공기처럼 꼭 필요한 것으로 인식되고 있습니다. 사회복지사가 근무하는 환경도 기존의 복지관이나 수용시설에서 정당 보좌관, 협동조합 이벤트 회사, 카페 사회사업, 기업 공익 재단, 국제구호사업 등으로 더욱 확대되고 있습니다.

교육 불평등 문제를 개선하고 취약 계층의 교육적 성장을 지원할 수 있는 정책의 필요성이 대두되면서 학교 내 저소득층 아동·청소년을 대상으로 한 위기적 조치로서, 2003년 교과부에 의해 '교육복지 우선 지원 사업(교육복지 사업)'이 시작되었습니다.

2012년 기준으로 대도시(특별시, 광역시) 초등학교의 32%, 중학교의 48%, 중소도시 초등학교 16%, 중학교 29%가 사업 학교로서 교육복지 사업을 추진하고 있습니다. 2013년 10월 현재 전국적으로 교육복지 학교는 2,215개교이며, 이 중 1,571개교로 70%의 학교에서 사업 수행 인력이 배치되어 교육복지사 또는 지역사회교육전문가라는 이름으로 학교 안에서 활동하고 있습니다.

교육복지 사업이 학교에서 효과(?)를 거두면서 교육복지 사업에서 진행했던 방과 후 보충학습, 상담 및 정서 지원, 사제동행 멘토링, 급식비 지원 등 학습, 문화체험, 심리정서, 복지, 지원 프로그램들이 방과 후 학교, 위 센터, 무상급식으로 확산되어 학교 안에 복지 서비스가 자리매김하는 데 시초의 역할을 했습니다.

그럼 피부로 느끼는 교육복지 사업은 어떨까요? 얼마 전 교육복지 뉴스 레터 제작과 관련하여 교육복지에 대한 짧은 메모를 받았는데요. 교육복지사들이 생각하는 교육복지는 대체적으로 다음과 같았습니다.

> 마중물/희망/나눔과 소통으로 더불어 살아가는 지혜를 배우는 공동체/가슴 벅찬 희망을 주는 것/세탁소처럼 구긴 것을 펴고 학생들의 환경을 맑게 해주는 것/학창 시절 힘든 일이 있는 누군가에게 등대처럼 빛이 되어주는 사업/누군가에게 한걸음 도약할 수 있도록 도와주는 것/커피 향 같은 미소/삶과 배움을 연결하는 친절한 다리 등.

이 사업은 누군가를 돕고 특정한 기회에 좋은 경험을 할 수 있게 해주는 행복하고 희망찬 따스한 무엇임이 틀림없는 것 같습니다. 학생들에게 물으면 '좋은 것, 필요한 것'이라고 하며 학부모님은 '고마운 것, 필요한 것' 등으로 이야기하십니다. 대체적으로 ○○중학교가 교육복지 학교라고 소개하면 교사나 복지사 모두 "그 지역이 저소득층이 많아? 힘들겠네!"라고 이야기합니다. 학생 학부모에게는 좋고, 실천가들에게는 힘들지만 보람 있는 사업으로 피부색을 드러내는 교육복지 사업에 대한 제 경험을 나눠봅니다.

학교에서 교육복지 사업으로 사회복지사가 학생을 만난다는 것

교육복지 학교로 지정받으려면 여러 조건이 있지만 가장 크게 고려되는 점은 국민기초생활보장수급권자 가정의 학생이 전교생 중 40명 이상이 되어야 합니다. 평균 차상위 계층까지 모두 합해 학교마다 다르긴 하나 최소 100~200명 이상의 학생을 교육복지 대상 학생으로 사업합니다. 하지만 교육복지사 1인이 몇백 명을 사례 관리(학생을 돕는 일련의 과정을 총칭하는 표현)하는 것은 터무니없는 일이어서, 학교의 사례 관리는 임시방편에 머물거나 지역의 희망복지지원단이나 지역의 다른 기관과 연결되어 사례 관리되고 있습니다.

사업 1년 차 때는 380명의 복지 학생을 담당했는데 학생을 파악하기도 전에 상상 이상의 위기 상황들이 하루가 멀다 하고 일어났습니다. 당연히 모든 정보를 확보한 상태에서 학생을 만난다는 것은 엄두내기 어려웠고 나름 작전을 짜서 쉬는 시간마다 학생들을 보내달라고 하여 기계적으로 면담했는데, 그 모습은 지금 생각해도 손발이 오그라드는 창피함으로 남습니다.

이렇게 되다 보니 다음 생각한 것은 '어떻게 이 학생들을 빠르고 정확하게 구별하여 그에 적합하게 서비스를 제공할 것인가?'이었습니다. 고민 끝에 학생들의 성적과 CPSQ(아동 청소년 정신건강 심리검사) 결과를 가지고 대상을 나누기 시작했습니다. 학생 개개인을 인격으로 보지 못하고 대상으로 구별하는 형식적인 진행을 지속하게 되었습니다. 이걸 반영이라도 하듯 학생 관리 파일 업무는 방대하게 늘어만 갔습니다.

강점 관점으로 전환했던 시간,
"사회복지 서비스 너 어디까지 왔니?"

사업 5년 차 때 사회복지사로서 사회복지 서비스에 대해 실망한(?) 사건이 발생했었습니다. 친족에 의한 초등학교 고학년을 대상으로 한 근친상간이 일어났습니다. 가해자는 사실을 부인했고 피해자를 보호해야 할 학생의 아버지마저도 사실을 부인하며 가해자를 두둔했습니다. 학생의 아버지는 방바닥에 칼을 놓고 가해자가 도착하면 사실을 확인한 후 돌려보내겠다며 협박을 했습니다. 그날 여러 가지 일이 있었고 하늘에 달과 별이 총총 높이 떠오를 때까지 숨 막히는 피신과 도주가 이어졌습니다. 3개 기관이 달려들었고(?) 그날 밤 학생은 분리

되어 관련 기관에서 보호했습니다. 전문적인 서비스와 적절한 심리 치료적 서비스가 제공될 거라 생각하니 한시름이 놓였습니다. 그런데 다음 날 오후쯤 학생은 다시 집으로 돌려보내졌고, 자전거를 타며 학교 주변을 돌고 있었습니다. 학생은 저를 보며 "저 집으로 다시 왔어요!"라며 밝게 웃었습니다. 언제든지 가해자를 만날 수 있고 근친상간이 일어날 수 있는 집으로 하루 만에 다시 돌려보낸 상황을 보고 저는 크게 놀랐습니다. 다리에 힘이 풀리고 주저앉고 싶었습니다. 아니 주저앉고 있었을 겁니다.

학생을 보호했던 기관에서는 가해자를 분리 처벌할 어떤 법적인 권한도 없고 피해자가 피해 사실을 인정하지 않는 상황에서 지속적으로 서비스할 수도 없다는 이유로 학생을 돌려보냈다고 설명하였습니다. 참으로 기막힌 상황이었습니다. 이와 유사한 상황이 이 나라에 한 건 이상은 있을 텐데, 그렇다면 유사한 사람들이 똑같이 이렇게 도움을 받지 못하고 있는 겁니다. 이것은 사회복지의 큰 책임이라는 생각이 들었습니다. 결국 이때 이렇게 사건이 종료되면서 이 학생은 같은 상황에 2년 이상 노출되었습니다. 2년 후 다른 신고자에 의해 가해자가 구속되고 피해자도 치료를 받기는 했습니다. 그러나 비록 위급한 상황은 해결되었더라도, 여러 가지 사회복지 서비스에도 불구하고 그 가정의 다양한 문제 상황은 변함없이 그대로 존재했습니다. 이 사건을 계기로 저는 사회복지 서비스에 대해 처음부터 끝까지 다시 생각하게 되었습니다. 그간 숱하게 많이 일어났던 위기 사례들을 다시 점검해보고 무엇이 잘못되었는지 고민해보았습니다.

분리 조치, 병리적 문제를 최선으로 빨리 해결하기, 당사자보다는 전문가들이 생각해서 실천하게 하는 방법들, 없는 것과 부족한 것을 리스트로 작성해서 그 공간을 빠른 서비스로 메웠던 실천을 떠올렸습니다. 사연을 미화해서 천만 원 이상의 후원금을 받았던 모습, 몰랐던 사례를 찾아내 이것저것 가져다주고 서비스 연결해주고 했던 실천들을 하나하나 곱씹어보았습니다. 당사자가 주체로 서지 못하고 사회복지사의 판단과 의지에 의해 이뤄지고 결정되는 일들은 임시방편으로 한순간의 위기를 모면하게는 하지만 장기적인 변화를 줄 수는 없다는 생각에 이르렀습니다.

단 위기 상황에서는 빠르게 문제의 원인을 파악하여 처리해야 하는 접근이 필요하지만 장기적으로 당사자와 가정의 회복을 돕기 위해서는 강점 관점이 필요하다는 생각이 더욱 깊어졌습니다.

그와 동시에 개인적으로 학교 사회복지사가 어떤 역할을 하고 있는가라는 생각도 강점 관점을 떠올린 계기가 되었습니다. 평소 학생의 학교 밖 일(개인사)에 대해 학교가 최소한의 것만 하라는, 학교 관리자 마인드로 인해 지칠 대로 지쳐 있던 저로서는 여러 가지 상황이 더욱 무겁게 다가왔습니다.

가정방문 금지, 아동학대 신고 금지에 따라 몰래몰래 진행했던 일들이 많았습니다. 지인에게 상황을 설명하고 대신 신고하게 하는 경우가 늘어났습니다. 기관 담당자는 학교 안으로 들어오지 못했고 밖에서 면담하기도 했습니다. 물론 근친상간 사건도 학교 관리자에 의해 문제 제기되었고 "복지사가 데리고 살 것도 아닌데 학교 선생님까지 동원하여 늦은 밤까지 일했다."라며 과하게 핀잔을 받았습니다. 학교라는 구조 안에서 사회복지를 실천하는 것이 이렇게 이해관계와 설득을 동시에 병행해야 하는 고단한 작업이라는, 항상 해왔던 묵은 생각도 같이 올라왔습니다.

'~해야 한다'라는 마음으로, 책무성이라는 생각으로, 사회복지사가 어떤 상황이든 일선에서 팔을 걷어붙이고 나서서 신의 능력자처럼 없던 것을 있게 하고 있던 것을 더 강화하는 역할을 하기보다는, 당사자가 원하는 것을 찾아 주체적으로 하도록 돕고 그것을 당사자를 둘러싼 이웃과 가족이 잘할 수 있는 방향으로 이끄는 사회사업을 실천해야 한다는 생각이 들었습니다. 혼자서 몰래 하면서 힘들고 무거웠던 역할도 나름 빠르게 강점 관점으로 방향을 전환하는 데 쓴 약으로 도움이 되었습니다.

강점 관점으로 학생을 바라보기

강점은 '장점보다 좀 더 강하고 약점에 집중하지 않고 그 사람의 잘하고 좋은 점을 세우는 일'이라고만 개인적으로 판단하고 실천했습니다. 나중에 『위대한 나의 강점 혁명』(마커스 버킹엄)이라는 책을 접하면서 강점 관점에 대해 이론을 단단히 세우게 되었습니다. 또한 『사례 관리 실천 이야기』(김세진)라는 책을 통해서도 사회사업적 강점 관점의 실천 방법에 대해서 배울 수 있었습니다.

인생의 진정한 비극은 우리가 충분한 강점을 갖고 있지 않다는 데에 있지 않고, 오히려 갖고 있는 강점을 충분히 활용하지 못한다는 데에 있다.

-마커스 버킹엄

강점이란 한 가지 일을 완벽에 가까울 만큼 일관되게 처리하는 능력이다. 강점을 한 가지 일에서 계속해서 완벽하게 행동하는 것이라고 정의 내릴 때 성공적인 삶을 위한 가장 중요한 원칙은 다음 세 가지에 있다. 첫째, 강점이 되는 행동은 계속해서 그런 행동을 할 수 있는 것이어야 한다. 둘째, 남보다 뛰어나기 위해서 자신이 맡은 모든 역할에서 강점을 지닐 필요는 없다. 어느 누구도 '완벽한 재능'을 부여받지는 못했다. 단순히 자신의 능력을 최대한 활용할 뿐이다. 셋째, 약점을 고치는 것이 아닌 강점을 극대화하는 것만으로도 뛰어난 사람이 될 수 있다. 약점을 고치려는 것보다 약점을 관리하는 것이 더욱 효과적이다.

강점을 알기 위해서는 재능, 지식, 기술의 세 가지 도구가 필요한데 가장 중요한 것은 재능이다. 다른 사람과 논쟁하는 것에 전혀 거리낌이 없는 것은 재능이고, 반면 이 재능을 판매 실적을 높이는 데 사용한다면 이것은 강점이다. 강점을 기반으로 한 삶을 구축하는 데는 재능, 지식, 기술 모두 필요하지만 이 세 가지 중 가장 중요한 것은 재능이고 재능은 타고나는 것이다.

-마커스 버킹엄, 『위대한 나의 강점 혁명』

이 글에서처럼 강점은 나의 좋은 점이 아니라 내가 스스로 타고난 재능에 지식과 기술이 더해져 이뤄진 것이라는 놀라운 사실을 알게 되었습니다. '여러 사람들 앞에서 이야기하는 게 거리낌 없이 잘되며 그 능력을 살려 강연하거나 판매 브리핑을 한다면 그것이 그 사람의 강점'이라는 겁니다. 또 '무엇이든지 생각을 글로 표현하는 것을 가졌고 그것으로 글 쓰는 일을 한다면 그것이 강점'이라는 겁니다.

그럼 나의 타고난 재능도 궁금해집니다. 마커스의 말에 따르면 재능은 김연아나 모차르트 할아버지에게만 있는 것이 아니라 모든 인간이면 다 가지고 있는 것입니다. 그는 그 재능의 종류를 34가지로 나열하였고, 이는 간단한 체크를 통해 찾을 수 있게 되어 있습니다.

이와 관련하여 사회사업의 강점 관점을 소개합니다.

「강점 중심 사회사업」

① 좋은 것을 살려서 나쁜 것을 희석·상쇄·무력화하는 겁니다.

② 대상자를 환자로 보고 문제를 찾아 증상을 치료하려 들기보다 그냥 사람으로 보고 강점을 살려 바탕을 튼실하게 만드는 겁니다.

③ 강점을 살리는 게 근본책입니다. 문제를 예방·억제·해소할 수 있는 힘이요, 나아가 좋은 일을 이룰 수 있는 바탕이기 때문입니다. 그러나 약점을 해소·변화해주는 건 땜질이나 미봉책이기 쉽습니다.

④ 강점 중심 사회사업은 당사자와 지역사회를 매력 있게 합니다. 좋은 인상을 갖게 합니다. 사람다움과 사람 사는 맛을 느끼게 합

니다. 강점을 확대·재생산합니다.

약점 중심 복지사업은 대상자·대상 지역의 격을 떨어뜨립니다. 좋지 않은 인식을 굳히거나 확산시킬 수 있습니다. 약점을 확대·재생산할 수 있습니다.

⑤ 강점 중심 사회사업은 쉽고, 약점 중심 사회사업은 어렵습니다.

「복지요결」, 2012. 4.

*당사자나 대상자를 학생으로, 지역사회를 학교로 각색해 읽어도 도움이 됩니다.

"약점을 수정하기에 힘 빼지 말아요.
재능으로 시작되는 강점을 발견해보아요!"

약점을 수정하기 위해 병리적 접근을 했던 것에서 더 나아가, 학생의 강점을 찾아 연결해주는 사례 관리를 시작하게 되었습니다.

영희(가명) 선생님 여기서 놀아도 돼요?

영희는 쉬는 시간이나 점심시간에 복지실에 자주 놀러 왔습니다. 자연스럽게 이야기를 나누면서 영희에게 관심을 가지게 되었습니다. 영희는 반 친구들과 어울리지 못하는 것 같았고 다른 반의 학생 한 명 또한 어울리는 친구가 없어 복지실에서 둘이 자연스럽게 어울려

지내게 되었습니다. 너무나 습관적으로 영희를 둘러싼 배경과 문제에 초점을 두고 바라봤습니다. 부모의 이혼, 아버지는 여자 친구와 동거, 고도 비만, 신체에 큰 반점, 외톨이……, 하지만 이것은 그냥 정보로 두고 영희의 강점을 보기 위해 오랫동안 지켜보고 이야기를 나눴습니다. 이때 강점 관점을 보기 위해 세운 절차는 다음과 같습니다.

바라보기 → 물어보기 → 의논하기 → 부탁(제안)하고 → 지지(감사)하고 → 다른 경험 지속 유지하기

영희를 오랫동안 지켜보면서 영희가 그림 그리는 것에 재능이 있고 자신이 공감하는 것을 그림으로 표현하는 강점이 있다는 것을 발견했습니다. 핸드폰을 이용해 항상 그림을 그리고 그린 그림을 자주 자랑했습니다.

나 (은근슬쩍 무관심한 듯이 매달리며) 선생님 캐리커처 좀 그려주라.

영희 (좋아서 놀라며, 하지만 주저하며) 진짜요?

나 응, 네가 그려주면 내 명함에 넣고 싶어.

영희 (곧 쓰러질 듯) 와~.

이렇게 영희와 저는 사진을 찍고 기다리고 그리기를 반복하며 저와 정말 똑같이 생긴(^^*) 캐리커처 선물을 받았습니다.^^*(깊이 의심하지는 마세요. 똑같습니다.^^*)

이후에 명함이 나왔을 때 영희에게 처음으로 전해줬습니다. 영희는 무척 좋아했으며 전 '이때다' 하며 다른 제안을 해보았습니다. 학교의 행사에 오시는 분들의 캐리커처를 그리고 한 건당 오천 원의 저작권료를 주는 걸로요. 영희는 좋아했습니다.

영희가 그려준 나의 캐리커처. 차후 그림을 삽입하여 명함을 제작하였습니다.

첫 번째로 소속된 협회에 강의하러 오시는 윤철수 교수님(나사렛 대학교 사회복지학과) 캐리커처를 부탁했습니다. 교수님의 사진을 전달하고 완성된 캐리커처를 받아 현수막이며 입간판에 삽입했습니다. 당일 교수님께서 보시고 뿌듯해하시며 직접 사인해서 『산타가 만난 학생들』이란 책을 영희 이름으로 선물하셨습니다. 다음 날 영희는 가족모임에서 할머니, 아버지께 보여드리고 칭찬을 받았다며 자랑했습니다. 기뻐하는 영희의 모습은 이루 다 표현할 수가 없었습니다.

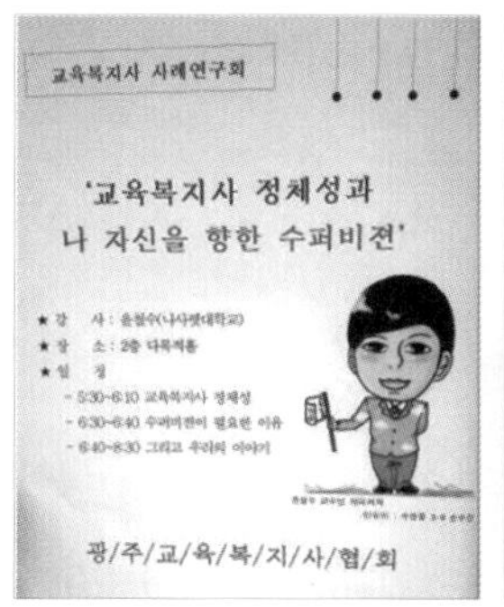

영희가 그린 캐리커처를 행사 당일 입간판과 현수막에 그려 넣어 홍보하였습니다. 윤철수 교수님이 자신의 캐리커처를 보고 사진 찍고 있는 모습.

이렇게 만난 영희와 다른 경험을 지속적으로 하기 위해 복지실 프로그램을 권했습니다. 캠프에 참여하면서 다른 학년의 후배들과 만났는데, 후배들이 영희를 많이 좋아하며 "이 언니 재밌다." 하면서 자연스럽게 어울리게 되었습니다. 영희의 얼굴에 웃음꽃이 피었습니다.

영희는 지금 졸업했고, 그때 경험이 영희에게 어떤 영향을 주었는지 자의적으로 해석하고 싶지는 않습니다. 단지 그때 우린 '참 좋았었고', '기뻤다'는 그 느낌만을 서로 공유하는 것으로 족합니다.

올해 우리 학교에 입학한 영희의 동생이 지각에 결석이 잦았을 때, 영희에게 전화해서 부탁해보았습니다. 그간의 우리 관계가 있었기에 영희는 크게 반기며 자신이 할 수 있는 일을 해보겠다고 했습니다. 영희와의 관계 덕분에 영희의 동생도 저를 대할 때 아주 친근한 사람처럼 대합니다. 동생과 연락이 되지 않을 땐 영희가 연락을 취하거나 등교하도록 다독입니다. 그날도 학교에 오지 않은 동생을 찾아 집을 방문했는데, 그 사이 누나의 연락을 받고 저와 길이 엇갈려 학교에 등교해 있었습니다. 동생은 복지실에 들러 흐트러진 책도 스스로 정리 정돈해주고, 누나 이야기를 자주 하며 뿌듯해합니다.

영희의 주변을 감싸 도는 삶의 무게는 전혀 달라지지 않았지만, 영희의 마음이 새로운 기쁨으로 잠시만이라도 벅차오르고 동생도 그 마음을 함께 공유하고 있습니다. 우린 그것으로도 족합니다.

강점 관점은 이런 거겠지요. 자신의 재능을 발견하게 하고 약점에 집중하지 않게 하면서 회복 탄력성을 많이 가지게 하는 것, 이것이 우리 애들에게는 어쩜 더 필요한 일이 아닌가 싶어요. 이것을 사업으로 끌어올려 강점 리스트를 공부하고 체크하도록 해보고자 하는 고민도 함께 있습니다.

강점의 기반이 되는 자존감 살리기

하루에 복지실을 5번 정도 오는 철수(가명)가 있습니다. 이 정도면 학교를 다닌다기보다 복지실에 있다 잠깐 교실에 가는 수준이어서 농담 삼아 몇 마디 던졌습니다.

나 철수야, 너 졸업하면 ○○중학교장 이렇게 졸업장이 나오는 거 아니고 ○○중학교 교육복지부장 이렇게 졸업장 나온다!
철수 아, 그래요? 그래도 고등학교는 갈 수 있는 거지요?

철수는 정말 땡돌이였습니다. 10분에 쉬는 시간이 시작하면 10분 30초면 복지실에 도착합니다. 총알택시도 아니고 총알 탄 사나이에 가까웠지요. 행복 수업 시간에 들어가서 철수를 보면 외딴섬도 그리 외딴섬일 수가 없었습니다. 이 학생 주변에 바이러스가 감염되는 것처럼 보이지 않는 띠가 있는 듯했고 어느 누구도 그 띠를 넘어서 철수에게 말을 걸지 않았습니다. 철수 또한 팔로 책상을 쓱쓱 닦거나 종이 한 장 없이 깨끗한 책상에 그저 누워 있거나 창밖만 보고 있었습니다. 철수에게 쉬는 시간이 얼마나 중요한 시간인지 알 수 있는 사건이었지요. 철수도 무거운 삶의 무게를 잔뜩 지니고 있었습니다. 철수와 동규(가명. 다른 반의 유사한 학생)를 데리고 밖에서 식사를 하고 있었습니다. 시끌벅적한 마트의 식당 코너에서 이것저것 시켜 먹고 있었는데 갑자기 동규가 말을 합니다.

동규 우리 아빠가 새아빠한테 용돈 받은 거 아셨어!

나 (속마음, 순간! 아빠는 무엇이고 새아빠는 무엇인데 어찌 이게 같은 시간 공간에서 함께 나올 수 있는 명사지?)

동규는 초등학교 1학년 때 부모님이 이혼하시고 엄마가 재혼하셨는데 가끔 가서 용돈도 받고 하며 스무 살 된 누나와 함께 산다고 했습니다. 이때 철수가 자랑하듯이 말했습니다.

철수 야! 나는 4살 때 엄마가 집 나갔다, 잉~. 내가 내의 입고 막 뛰어가는데 엄마가 옷 입고 오면 데리고 간다고 해서 옷 입고 갔는데 엄마가 없었어야. 너는 아무것도 아니어야!

이 못난이들이 누가 한시라도 먼저 빠르게 그리고 먼저 어쩔 수 없이 버림받았는지를 배틀하고 있었습니다. 먹는 밥알들이 가슴에 그대로 박혀 잘 안 나오는지 체기가 일었습니다.

이렇게 우리 철수랑 삶의 일부를 공유하면서 철수를 오랫동안 지켜보았습니다. 그러는 동안 철수는 후배와 빈집을 털려다 들키고, 몰래 사우나에 들어가 라커를 털려다 주인에게 붙잡혀 학교로 끌려왔었습니다. 집주인과의 미팅, 사우나 주인과의 미팅, 선도위원회 등 여러 가지 일이 있었지만 이 학생의 강점을 찾는 노력을 의식적으로 더 했습니다.

집주인(고모) 그 집이 어떤 집인지 아냐? 부모가 다 버리고 계집아이 세 명이서 사는데 내가 고모라고 그냥 두고 보기 그래서 사글세 얻어서 남편 몰래 용돈 손에 쥐어주면 '고모 괜찮아.' 하고 안 받는 그런 집인데, 네가 그런 집을 털어야. 이 몹쓸 놈들아, 오메 나는 사지가 벌벌 떨려서 나는 못산다. 못살아.

철수 몰랐어요. 그런 집인지 몰랐어요. 그런 집이면 안 들어갔을 거예요.

나중에 좀 더 확인해보니 철수는 후배에게 인정받고 싶었는지 "나 예전에 도둑질해봤다."며 거짓말까지 했다는 걸 알았습니다. 우리 철수는 이리 미치도록 미련스럽게 순박합니다.

자연스럽게 노래를 흥얼거리는 걸 좋아하는 점을 발견하고 이 학생의 자신감을 세워줄 어떤 것을 복지부장님과 공작하기 시작했습니다. 철수도 '슈퍼스타 K' 예선전에 출전하기로 했다며 자주 자랑하였습니다. 부장님과 협의하여 이 학생을 위해 '슈퍼스타 S'라는 큰 대회를 개최하기로 공작했습니다. 철수에게 출전하도록 지지해주고 철수는 리허설 준비 후 본선에 당당히 올랐습니다. 그날 심사 위원이신

선생님께 먼저 말씀드려 심사평도 다른 학생들보다 길~게, 심사 점수도 후하게 주십사 간절한 부탁을 드렸습니다. 철수는 정말 용감하게 무대에 섰습니다. 노래 실력이 생각보다 많이 실망스러웠고 몇몇 웃는 학생들도 있었지만 낮은 자존감으로 무대 정면을 바라보지 못하고 측면을 보면서도 감정을 끌어올려 노래를 부르는 철수 모습이 장하면서도 참 쓸쓸했습니다. '그래도 애쓴다!', '장하다' 하는 마음이 더 많았고 그날 입상한 철수를 많이 격려했습니다.

철수는 반에서도 긍정적인 칭찬을 친구들에게 듣게 되었습니다. 힘이 생긴 철수에게 점심시간 음악을 담당하도록 했습니다. 복지실에 오면 학생들이 신기한 마음에 자신이 좋아하는 음악을 틀고 싶어 하는데, 그 권한을 철수에게만 줬습니다. 당연히 학생들이 철수에게 음악을 부탁하게 되었고 함부로 대하는 것도 줄었습니다. 이러기를 몇 달이 되니 철수는 이제 미리 음악을 준비해 오고 또 이번에는 노래에서 벗어나 음악을 틀어놓고 셔플댄스를 복지실 한가운데에서 열심히 추었습니다. 보는 학생들이 있어도 당당하게 셔플댄스를 연습하고 힘차게 땀을 흘리고 있었습니다.

그러기를 얼마 안 돼 학년이 올라가면서 철수는 이제 쉬는 시간에 더 이상 복지실에 오지 않았습니다. '어. 이상하네! 왜 요즘 안 오지?' 자세히 알아보고 확인해보니 이제 철수에게 친구들이 생긴 겁니다. 친구들과 그 사이에서 동질감을 느끼고 즐겁고 신나는 경험을 하면서 이제 복지실에 마음을 의지하지 않아도 되는 거였지요. 정말 기뻤습니다. '와……. 이게 이렇게 되는 거구나!'

가끔 복도에서 마주치면 철수가 씨익 웃으며 지나갑니다. 하굣길에도 친구들과 어깨 힘 '팍팍!' 주면서 지나갑니다. 가끔은 침도 뱉으면서요. 그 모습이 아주 귀엽습니다. "나 이제 다 컸어요!" 하며 뽐내는 것 같아 더 귀엽습니다.

복지실에 의지해서 숨어 지내던 학생들이 복도에서 친구들과 힘차게 놀고 있습니다. 신나는 일입니다. 정말 많은 애들이 어떻게 사는지 눈앞에서 안 보이면 좋겠습니다. 반에서 학생들이랑 노느라 복지실을 시시하게 여겼으면 좋겠습니다. 황폐한 우리 철수 마음에 예쁜 싹이 크고 있는 것 같습니다. 마음이 여리고 여린 누나가 술 먹고 집에 들어와서 신세타령하면서 "아이고, 살기 힘들다. 죽고 싶어." 이렇게 이야기했다며 1교시부터 복지실에서 죽치고 울고 있었던 우리 철수……. "선생님 누나가 죽으면 어떡해요." 누나와 제가 전화 통화를 하며 이야기 나눈 걸 보고서야 안심하고 수업에 올라갔던 우리 철수. 이제 철수는 많이 자란 것 같습니다. 마음속의 작은 새싹이 어른이 되어서까지 철수를 잘 지켜줬으면 좋겠습니다.

우리가 철수 같은 학생을 부르는 만국공통어가 있습니다. 왕따, 선도위 갔던 학생, 도둑질했던 학생, 학습 부진아, 찌질이, 부모가 이혼한 애, 심각한 애, 아! 걔. 전에 그랬던 애, 이리 약점 관점은 힘이 세어서 우리에게 붙어서 잘 떨어지지가 않습니다. 이런 미련퉁이 약점 같으니라고, 나가 있어!!

강점을 넘어 관계와 생태에 대한 이야기

복지사업을 평가하면서 '이야, 이렇게 열심히 잘 해가고 있는데 학생들도 분명 좋아할 거야.' 생각하며 인터뷰를 하게 되었습니다. 그간 우리와 함께 만나며 변화가 있었던 만족도 높을 것 같은 학생들로 골라서.

나 선영(가명)아, 우리 복지실에서 많은 활동들을 다양하게 하잖아. 너도 자주 활동에 참여했고. 복지실이 하는 일이 도움도 주면서 어떤 좋은 변화를 가져오게 하는 건데, 혹시 네가 예전보다 달라진 점이 있거나 복지실을 통해 좋아진 것 있으면 이야기해줄래!(기대 잔뜩, 눈에 하트 뿅뿅)

선영 글쎄요……. 몰라요. 없는 것 같은데요.

나 (헐, 넌 어느 별에서 온 외계인이냐? 내가 원하는 답, 그걸 해주란 말이야……. '복지실 때문에 행복해요.' 등등, 어서 말을 해!) 그래? 그래도 한번 곰곰이 생각해보면 뭔가 떠오르지 않을까?

선영 아, 있어요. 아는 애들이 많아졌어요. 급식실 가도 아는 척해주는 애들도 있고 학교 와도 복지실 가면 아는 척하는 애들이 있어서 좋아요.

처음에는 '이게 뭐야. 왜 그래.' 싶었으나 생각해볼수록 '아, 맞아. 혼자 지내던 학생들에게 함께할 관계가 느는 것, 이것이 최고인데 이

걸 잊었구나!' 하는 생각이 들었습니다.

교육복지 사업도 강점, 관계, 생태의 관점을 가지고 모든 사업의 내용과 방향을 이 관점에 맞게 진행했습니다. 학생과 학생, 교사와 학생, 학생과 지역사회가 자주 만나도록 관계를 형성하여 주선하게 되었습니다.

학생-교사 관계 프로그램 와락을 준비했습니다. 교직원 9분 정도 생각했으나 총 20분의 교직원께서 참여 신청해주셨습니다. 여러 가지 협의와 의견 교환의 장을 통해 대대적으로 학생을 모집하지 않고, 선생님께서 희망하는 학생에게 다가가 물어보고 의견 나눠보고 제안하는 방식으로 팀을 구성했습니다. 이런 과정으로 학교 안에 20개 와락 팀이 각기 다른 장소에서 다양한 내용을 담으며 와락 나무를 키워가게 되었습니다. 같은 사업 2년 차 때 이 사업은 더욱 확대되어 학교 안에 32개 와락 팀이 활동하였습니다.

선생님과 반복적으로 만나던 학생들은 자연스럽게 자신의 어려움과 고민들을 선생님에게 의논하게 되었습니다.

"어제 희경(가명)이 전화 왔었어요. 밤 9시가 되었는데 엄마가 동생이랑 희경이를 문 앞에 세워두고 문을 잠그고 비밀번호를 바꿔버리고 외출하셔서 지금까지 서 있다며, 부모님 이혼하신 후 어머님이 힘드셔서 자꾸 그러는 것 같아요."

학생들은 자신의 삶의 무게를 선생님에게 나누고 힘을 얻고 있었습니다. 힘이 들어도 학교 오면 자신을 이해해주는 선생님이 계시다는 것을 큰 위안으로 삼는 것 같았습니다.

"어제 민규(가명) 데리고 우리 딸이랑 공원에서 좀 놀았어요. 민규는 외식을 참 좋아한다고, 항상 뭐하고 싶냐 하면 외식하고 싶다고 해요. 할머니가 날마다 김치찌개만 준다며(웃음)."

상황이 안 되는 와중에도 어린 학생을 키우며 선생님은 자신의 삶의 일부를 학생들과 나눴습니다. '참 어려운 일을 이렇게 하는구나.' 하며 사회복지를 하는 저도 크게 감명받았습니다.

"제가 봉사활동 가는 고아원이 있는데 지혜(가명)와 희선이(가명)를 데리고 가려고요. 혼자서 가면 심심하기도 했는데 잘됐지요."

미술 선생님은 당신이 봉사활동 가는 곳에 학생 둘을 데리고 일 년간 함께하셨습니다. 여기에 동참했던 학생이 인문학 프로그램에서 자신에게 가장 소중한 사람, 가장 영향을 미친 사람을 적으라고 했을 때 이미 전근 가신 그 선생님 성함을 적었습니다. 까만 마음에 비칠 등불을 간직하게 된 거지요.

"'나는 너를 끝까지 믿어줄 거야.'라고 하니 의심하더라고요. 그러면서도 좋아하는 것 같았어요."

우리 학교의 최고급 선수(사건이 많은 학생 지칭)의 담임선생님 말씀입니다.

하느님이 모두에게 갈 수 없어서 바쁜 나머지 그 대신 엄마를 보냈다고 했던 것처럼 우리 학생들을 부모님이 다 돌볼 수 없어서 교사를 보냈다고 생각합니다. 학교 안에서 만나는 진실된 관계 하나만 있어도 학생은 잘 지낼 수 있다고 생각합니다. 그것은 그 학생의 강점을 바로 보는 교직원(어른)의 관심, 지역사회 어른의 시선에서부터 싹을 틔운다고 생각합니다.

이렇게 교사와 학생이 만날 수 있는 다양한 계기를 많이 만들었습니다. 학생과 학교 밖에서 편히 이야기하실 수 있는 계기와 체계를 마련해 만남을 주선했습니다. 이 식탁에서 학생과 선생님이 함께 만나 서로의 삶의 무게를 나누게 되었습니다.

이것이 하나둘 모이다 보니 이제 학교의 생태(학교의 환경이 약자 및 소수자가 생활하기에도 불편함이 없는 상태로 되는 것)가 되어가는 것 같습니다. 한 학생을 자세히 보면 누군가 크게 품거나 여럿이 여기저기서 이 학생을 품었기에 가능했구나 하는 마음이 일어납니다. 정말 토양이 갖춰지지 않은 곳에서 저 학생은 학업을 수행하지 못했을 거야라는 생각이 참 많이 듭니다. 이런 생각은 저뿐만이 아닌 많은 분들이 입을 모아 이야기합니다. 학교 생태를 이러한 환경으로 마련하니 모난 학생, 모나지 않는 학생, 공부 잘하는 학생, 놀기 잘하는 학생 모두가 학교 생태 안에서 안전하게 크게 되었습니다.

계란 낙하 시험을 할 때 그 계란만 감싸는 게 아니라 모든 땅을 푹신하게 하면 계란이 그 안에서 깨지지 않듯이 이렇게 생태가 구성되면 누구든 그 안에서 자유롭습니다. 복지 부서뿐만 아니라 다른 부서 활동에서도 함께 관계하는 모습이 많습니다. 돈 벌어 해외 봉사 가는 동아리에서는 함께 세차를 합니다. 전교 1등 하는 학생부터 나름 짱짱한 학생회 멤버들 사이에, 둘이만 놀고 아무도 말을 잘 걸지 않는 두 학생(아마 전교 꼴찌는 될 듯합니다)이 함께 섞여 있습니다. 나이가 많다고 성적이 높다고 좋은 위치를 차지하지는 않습니다. 공부 못한다고 허드렛일을 하지는 않습니다. 각자 자기 일을 잘합니다. 못난이 질문에 1등이 귀엽게 받아줍니다. 그 어떤 차별도 냉대도 없습니다. 이런 게 차츰 가능해지고 이런 일들이 자꾸자꾸 늘어갑니다. 강점과 관계 안에서 생태가 형성되어갑니다.

한 학생의 강점으로 시작된 슈퍼스타 S, 이제는 생태가 되어 누구나 그런 기능을 발휘하게 되었습니다. 사랑이 필요했던 많은 학생들이 올해 더 용기 내서 도전하고 입상했습니다. 당당하고 떳떳한 모습과 용기가 눈물겹습니다. 이 학생은 지금 노래를 부르는 게 아니라 자신의 아픔을 뱉어내며 흘려보내고 있습니다. 노래에 관심 있는 선생님이 이 학생들과 동아리를 만들도록 부장 선생님이 주선하였습니다. 선생님도 오케이 하였고 이 학생들은 이제 자신을 이해해주고 아껴주는 아주 좋은 한 분을 만나게 됩니다.

강점 관점, 생태 형성, 관계 지향에 사업의 관점을 두고 하니, 하나씩 풀리는 느낌입니다. 그러나 이 관점이 모든 의문의 만능 키는 아니지만 이를 실현하기 위해 대상자가 주체로 서게 하는 상상력이 빈곤했다는 생각이 듭니다. 대상자를 주체로 서게 하는 사업을 큰 핵심 방법으로 실천하는 사례를 이야기해봅니다.

프로그램을 준비한 후 면접 제도를 두었습니다. 우리가 만든 밥상에 그저 와서 맛있게 식사하는 것이 아니라 면접 과정에서 프로그램에 대한 이해와 함께 프로그램의 흐름, 기획의 잘못된 점을 물어 학생을 면접자로, 기획자로 참여하게 합니다. 이런 과정을 통해 학생들은 수혜자적 프로그램의 대상이 되는 것이 아니라 스스로가 기획한 프로그램인 양 프로그램에 참여합니다. 당연히 그간 고민했던 중도 탈락은 거의 없습니다. 면접관 또한 선배 기수가 합니다. 질문지 또한 학생 스스로가 만들고 면접도 학생들이 해서 프로그램에 적합한 학생을 뽑습니다. 특별히 중요한 프로그램은 선배와 신규 참여자가 한 팀을 이뤄 과업을 달성하는 과정에 면접관 또는 팀원으로 참가하여 학생들을 선발합니다.

인문학 프로그램이 끝나고, 아무리 좋은 것이라도 선생님들이 만들어놓은 프로그램은 행복하지 않다는 발표와 함께, 교육복지 기획단이 갑작스럽게 약간은 황당하게 탄생했습니다.

숙박형 캠프를 통해 일 년 동안 학교에서 학생들의 행복을 위해 진행될 사업을 1천만 원 사업비 안에서 기획하게 되었습니다. 3월부터는 사업 계획에 의거하여 진행되었습니다. 프로그램 기획부터 회의, 사전 준비, 당일 진행까지 모두 학생 스스로 합니다. 가끔 한마디씩 지원하는 것과 어른 차원에서 해줘야 하는 일 외에는 크게 관여하지 않습니다. 매주 수요일 하는 정기 회의에 딴청을 하듯 듣고 있다가 한마디씩 슈퍼비전 하는 것 외에는 모두 학생들이 기획합니다. 학생들이 기획하다 보니 홍보지 하나도 학생들의 눈높이에서 만들어지고, 학생을 위한 프로그램으로 진행되니 만족도 또한 높습니다. 진행 후 기획단 스스로 평가하고 차후 사업 시 준비 사항에 대해서도 이야기합니다. 참으로 아름답습니다. 짝짝짝!

다른 복지 프로그램도 전반적으로 학생들 스스로 하게 합니다. 수호천사의 경우 뒷짐 지다 뭔가 필요하다 싶으면 던집니다.

"슬슬 후배를 뽑아야 할 때가 오지 않았니?"

몇 마디 던지고 물으러 올 때까지 기다립니다.

"면접도 너희들이 하렴. 근데 면접 질문은 만들었니?"

"헉, 그걸 만들어야 하는 거예요?"

이럴 때 한두 마디만 해주고 학생들이 면접관이 되어 뽑습니다. 학생들이 일 년 계획을 짜고 스스로 역할 분담하게 합니다.

두드림 봉사활동 평가도 내년 계획의 변화도 학생들에게 수기로 적도록 합니다. 학생들이 생각한 대로 그 위에 약간의 각색을 하여 진행됩니다. 교육복지 프로그램은 실천 방법에 있어 당사자가 주체로 서게 하고 강점과 관계, 생태의 관점으로 학생들이 주인이 됩니다. 이제 복지실 열쇠도 넘겨야 하나 싶습니다.

자신을 스스로 주체로 서게 하니 학생들에게 아이디어가 생기는 모습을 봤습니다. 행사가 별로가 되더라도 학생들은 스스로 평가하지 선생님에게 원망을 던지는 일이 없습니다. 그저 어른들은 바라보고 기다려주는 사랑을 하고 있습니다.

강점을 찾아 관계 맺게 하고 그것을 생태계로 삼아 지속하게 하는 일. 참 신명납니다. 모든 과정의 방법을 학생 스스로 자주적으로 찾게 하는 일. 참 좋습니다. 교사에게도 일부러 애써 만들지 않고 교사가 잘하는 것에서부터 자연스럽게 시작하게 주선합니다. 지역에서 하는 일에도, 우리 학생을 그 공동체에 넣어 활동하게 해주십사 여쭙니다.

나가며

교육복지 사업은 제가 사회복지를 행한 14년 역사 중에 7년을 차지합니다. 이렇게 뜨겁게 고민하고 누가 시키지 않았는데도 항상 이것만 생각했던 경험은 처음이었습니다. 이렇게 고단하게 저의 사랑을 한 몸으로 받고 있는 교육복지 사업이 참 좋습니다.

많은 우여곡절이 있는 사업이지만 실무자들의 교육복지 사업을 향한 뜨거운 짝사랑은 학교라는 큰 벽에 항상 부딪혔고 그럴 때마다 술잔을 기울이며 힘을 내는 고군분투는 참으로 애절하고 뜨겁기만 합니다. 지금도 순박한 사람들이 자신들을 스스로 채찍질하면서 학생들에게 뭔가를 하나 더 주려고 애쓰고 있습니다. 저는 이렇게 순박하고 따스하고 지속적으로 타인을 위하는 집단을 본 적이 없습니다.

얼마 전에서는 교육복지 양적 평가에서 교육복지 사업이 효과가 없다는 결과가 EBS 뉴스를 통해 보도되었습니다. 개발원에서는 의지를 가지고 질적 평가를 실시했고, 그 결과는 아직 나오지 않았습니다. 교육복지 사업이 다양한 사업의 시초가 되었지만, 반면에 교육복지 사업만으로 굳건히 서는 데는 에너지를 쏟지 못했습니다. 이것저것 나눠 주다 가난해졌다고 할 수도 있고 이것저것 사랑의 석류 알을 터트리다 보니 본인은 정작 가진 게 없다고 해야 하는 상황인지는 모르겠지만, 정체성과 사업의 질적 수행 등에서 재구조화가 필요한 시점이기는 한 것 같습니다.

무엇이 어찌 되고 어떻다고 하든 교육복지 사업은 한창 커가는 우리 보배들이 꼭 들르는 필수 코스 '학교'에서 만나는 기회 같습니다. 우리가 생각하는 것 이상으로 위기에 빠져 있고 그 위기가 상상 이상인 경우가 많이 있습니다. 학생들의 삶은 생각한 것보다 더 처참합니다. 이 학생들에게 학교와 지역사회는 어찌 보면 자존감을 얻는 마지막 코스일지 모릅니다. 이 학생들은 학교를 다니는 게 아니라 '나에게 찾아올 기회를 만나러 온다!'는 생각이 듭니다. 이 기회에 이런 관점들로 학생을 만난다면 그 학생이 퍼트릴 사랑의 석류 알은 더 멀리 날아갈 거예요. 위대한 한 명의 지도자가 인도를 평화로 구했던 것처럼요.

내 강점을 먼저 알아봐주고자 노력하는 사람이 주변에 있다면 정말 살 만하겠지요. 한 명의 담임교사가 30명 아이들의 강점을 한 개씩 발견하고 이야기해준다면? 한 명의 담임교사가 30명 아이들의 강점을 다른 교사에게 소개해준다면? 한 명의 담임교사가 30명의 강점을 알고 교과과정이나 수업 시간에 풀어 뽐내게 해준다면? 한 명의 담임교사가 30명의 강점을 '네가 아기 엄마 아빠가 될 때까지 꼭 잊지 말거라.'라고 고이 적어준다면. 어떻게 될까요? 무엇보다 1년에 30명씩 강점을 찾기에 노력하는 그 한 명의 교사는 10년 후, 30년 후 어떻게 될까요? 그 교사의 삶은 어떤 모습일까요?

이제 나 스스로 내면에 가지고 있는 강점들을 꺼내서 바라볼 때입니다. 강점은 하나만 있어도 됩니다. 1개의 촛불이 9개의 어둠을 밝히니까요.

우리는 모두 참 다행입니다. 기회를 만나러 오는 한 학생을 온전히 바라볼 수 있는 장소가 있기 때문입니다. 오늘도 햇살이 참 따스합니다. 날씨가 춥고 바람이 세고 눈이 펑펑 오고 비가 쭉쭉 내리는 날일수록 햇살은 더욱 그립습니다. 우리 안의 34가지의 재능을 찾고 강점을 찾아 빛을 밝혀요.

일상의 삶터는 더욱 신명나게 학생은 관계 안에서 소통하고 성장하게-제가 생각하는 교육복지사는 교육복지 사업을 통해 학생의 재능과 강점을 찾아 발휘하도록 학생을 돕고, 지역사회가 함께하도록 주선하는 사람입니다. 오늘도 그렇게 행합니다.

07
학교 인권

인권, 상식이 통하는 학교를 꿈꾸기[1]

허창영

사실 인권이라는 말을 내세우고는 있지만
그 근저는 '상식이 통하는 학교'를 요구하는 것에 불과하다.
학생도 사람이라는 상식,
함부로 대하지 말고 얘기를 잘 들어주자는 상식,
경쟁을 배우는 것이 아니라 인간의 가치를 배우는 학교여야 한다는 상식,
수직적 구조가 아니라 관계 속에서 상생하자는 상식,
차별받아서는 안 된다는 상식,
모두가 상식일 뿐이다.

1 이 글은 필자가 언론과 인권단체 등에 기고했던 것을 주제에 맞게 수정 및 보완한 내용을 포함하고 있으며, 제시된 사례들은 광주시교육청에서 상담한 내용을 상황에 맞게 재구성한 것임을 밝힌다.

「광주학생인권조례」[2]는 경기도에 이어 전국에서 두 번째로 제정되었다. 그런데 사실 「학생인권조례」와 관련한 국내에서의 논의는 광주가 가장 먼저였다. 2006년 당시 교육위원이던 현 장휘국 광주시 교육감과 몇몇 뜻있는 교사들이 함께 조례안을 만들기까지 했다. 하지만 다른 교육위원들과 학부모들의 반발로 통과되지 못하고 폐기돼야만 했다. 다시 2009년에도 「학생인권조례」를 제정하기 위해 시도했지만 역시나 좌절을 맛봐야 했다. 그러던 중 2010년에 경기도에서 먼저 「학생인권조례」가 제정되었고, 이를 계기로 학생 인권에 대한 관심과 논의가 전국적으로 확산되기에 이르렀다. 「광주학생인권조례」는 이런 우여곡절을 겪은 후인 2011년에 와서야 비로소 제정이라는 결실을 맺게 되었다. 본격적인 시행은 2012년 1월 1일부터였으니 이제 2년여가 흘렀다.

2 정식 명칭은 「광주광역시 학생인권 보장 및 증진에 관한 조례」이다.

「학생인권조례」가 시행되면서 교육청에서 이와 관련한 업무를 담당할 부서로 '민주인권교육센터'가 만들어졌고, 외부의 전문가들을 충원했다. 필자 역시 이러한 기회를 통해 학생 인권 구제 업무 담당으로 교육청에 발을 딛게 된 것이다. 처음 구제 업무를 담당하게 되었을 때는 약간의 판단 착오도 있었다. 사안에 대해 엄격한 인권의 기준으로 판단하고 결정하는 '판단자'로 기본 방향을 설정했던 것이다. 하지만 학교는 어떤 의미에서 매우 폐쇄적인 공간이다. 어떤 사안에 대해 옳고 그름을 판단하고 조치를 하는 것으로 일이 끝나는 것이 아니다. 그 대상이 되었던 사람들은 조치 이후에도 같은 학교라는 공간에서 얼굴을 보며 생활해야 하는 특별한 조건에 놓여 있다.

학교에서 학생 인권 문제를 제기하는 것은 일반적으로 행정기관에 대해 국민들이 민원을 제기하는 것과도 다르고, 수형을 하고 있는 재소자들과도 다르다. 졸업을 앞두고 있는 상황이 아닌 이상 학생 인권 문제는 잘못을 지적하고 그에 따른 엄중한 책임을 묻는 방식으로만 접근해서는 안 된다. 이런 방식은 오히려 사안에 대한 조치 이후 문제적 상황을 만들 가능성이 있다. 잘잘못을 가리고 책임을 묻는 것도 중요하지만, 갈등이 일어나게 된 원인을 제거하고 그 갈등이 해소될 수 있도록 조정하는 '조정자' 역할이 더욱 중요한 것이다. 그리고 학생에게는 이후에 무리 없이 학교생활을 할 수 있는 여건을 만들어주는 것이 가장 중요하다. 가끔은 악의적이고 반복적인 경우가 있고 이에 대해서는 단호하게 대응을 하지만 조정자의 역할로 충분한 경우가 대부분이다. 물론 이것은 필자가 학생 인권 구제 업무를 경험하면서 자연스럽게 깨닫게 된 것일 뿐 일반화된 기준이 될 수는 없다.

이 글에서 담고자 하는 것은 학생 인권 구제 업무를 진행하면서 나름대로 분석한 학교의 모습이다. 지적하고 있는 내용이 학교가 안고 있는 문제의 전부일 수 없고, 이것만 고치면 인권 친화적인 학교가 되는 것은 아니다. 하지만 학교에서 학생 인권 문제를 만드는 중요한 원인임에는 틀림없다. 그래서 이 문제들만이라도 극복한다면 적어도 상식은 통하는 학교가 될 수 있지 않을까 생각한다. 물론 우리 사회의 구조적인 모순, 국가 주도의 교육정책이 갖고 있는 폭력성을 극복하지 못하면 학생 인권 문제의 근본적인 원인을 제거하기는 어렵다. 그렇더라도 학생들이 학교에서의 생활만이라도 활력을 찾을 수 있도록 하려는 노력은 그 나름의 의미가 있을 것이다.

근대와 전근대의 애매한 공존

학생 인권 구제 업무를 하다 보면 참 답답할 때가 많다. 그 답답함은 아직도 학교에서 학생을 대하는 태도가 상당 부분 전근대적이라는 데 있다. 물론 학교는 많이 변해왔고, 또 많이 변하고 있다. 스승의 그림자도 밟지 못했던 왜곡된 권위에서 탈피해 스승과 제자가 스스럼없이 뒹구는 모습이 늘고 있다. 가르침을 주고 배움을 받는 일방적 관계가 아니라 서로 배우고 서로 성장하는 새로운 관계가 늘고 있다. 입시제도의 굳건함 속에서도 다른 교육이 가능하다는 것을 몸소 실천하는 교사와 학교도 눈에 띈다. 이들에게 보내는 박수갈채가 아깝지 않다. 하지만 아직도 많은 부분에서 아쉬움이 남는 것은 사실이다.

우선, 학교 안에서 이루어지는 일들의 상당수는 '권위'를 바탕에 두고 있다. 가르침은 일방적이고, 관계는 수직적이다. 교사는 학생보다 지적 우위에 있음을 입증하려고 끊임없이 노력한다. 앎의 깊이, 사유의 진중함보다는 "그래도 내가 너보다 많이 안다."면 충분하다. 그래서 이를 부정하거나 얕보는 학생은 꼴사납다.

교사의 조언에 시큰둥한 학생은 '시건방지다'라는 평가로 정리된다. 또 모든 관계의 기본은 "나는 선생이고 너는 학생이야."에서 출발한다. 그래서 교사가 학생의 기분을 상하게 하는 것은 아무것도 아닌 일이고, 학생이 교사의 자존심을 건드리면 욕설과 윽박이 나온다. 자연스럽게 '형성된 권위'가 아니라 지위를 이용해 '강제하는 권위'로 압도하려는 전근대에 머물러 있다.

학생 인권과 관련한 상당수의 민원이 바로 여기에서 출발한다. 교단이 무너진다거나 '얻다 대고' 식의 질서가 학교 곳곳에 남아 있다. 그런데 사실 교단은 더 낮아져 교실 바닥에 닿아야 하고, 학생과 교사가 같은 위치에서 말을 할 수 있어야 자유로운 사람들의 교류가 시작된다. 합리적 이성들이 자유롭게 소통하고 관계를 맺는 것이 근대를 구성하는 기본이다. 사람들과의 교류를 배우고, 사람들과 수평적 관계에서 자신을 표현하는 방법을 깨닫도록 하는 것이 교육의 본질 아니던가. 질서를 먼저 배우고, 계급 사이의 관계를 파악해 적절히 처신하도록 하는 것은 근대 속에서 전근대를 강요하는 시대착오적인 발상이다. 어쩌면 합리적 이성이 되도록 하는 기회 자체를 박탈하는 범죄행위일지도 모른다. 그런데 우리의 학교에는 이런 모습이 일반적이다.

또한 몸을 이용해 통제하는 구시대의 유물이 아직도 잔존하고 있다. 몸에 고통을 주는 방법으로 사람을 다스리지 말라는 것은 근대 이성의 요구이다. 근대국가의 성립 이후 인간이 가장 먼저 금지한 것 중 하나가 바로 몸에 고통을 주는 것이었다. 중세 암흑기에는 봉건 독재자들이 백성을 다스리기 위해 몸에 고통을 주는 것이 일반화되어 있었다. 우리 역사에서도 "저놈을 매우 쳐라."라는 대감의 명령은 상식의 언어였다. 그렇지만 이성을 가진 인간들이 근대국가를 성립하고 난 후에는 봉건 독재에서 허용되었던 매질은 더 이상 허용되지 않았다. 이성을 파괴하는 비인격적인 고통의 부과는 인간을 대상화 또는 수단화하는 것이므로 완전한 인격체인 인간에게 할 수 없다는 생각에서였다.

중세라는 야만이 저질렀던 원시적인 폭력에 대해 근대라는 이성이 스스로를 규정한 중요한 원칙인 셈이다. 우리의 법률에서도 이러한 인식에 근거해 몸에 고통을 주는 태형이나 장형 등 '신체형'이 사라졌다. 몸에 고통을 주어서는 안 된다는 생각은 오늘날 직간접적인, 유무형의 폭력이 모두 고문으로 인정되는 것으로 이어졌다. 죄가 있다면 합리적인 방법으로 죗값을 물으면 그만이지 다른 고통을 줄 필요가 없다는 것이다. 그래서 신체의 자유를 제한하는 구금형이 일반화된 것이다. 죄를 지은 범죄자들에게도 교도소에 가두는 것 외에 다른 고통을 부과하지 않는다는 사실을 상기할 필요가 있다. 하물며 죄인에게도 고통을 부과하지 않아야 한다는 것이 상식인데 교육의 현장에서 이를 여전히 고집하는 것은 그저 어처구니가 없을 뿐이다.

전근대를 벗지 못한 뼈아픈 현대사와 학교

고통을 교육에 활용하겠다는 발상이 잔존하는 것은 어쩌면 우리의 뼈아픈 현대사와 연결되어 있는 것인지도 모른다. 한국의 현대사는 폭력이 반복되고, 강요되고, 일상화된 기억이 아니었던가. 일제 식민지 시절의 폭력, 6·25 전쟁, 전쟁 전후 민간인 학살, 군부정권의 폭압 등 국민들이 폭력으로부터 자유로울 수 없었다. 수많은 사람들이 폭력 앞에 죽어갔고 피를 흘렸다. 그저 먼 얘기가 아니라 나의 이웃, 가족들이 폭력의 희생자였다. 그래서 웬만한 폭력은 감수하는 습관이 생겼다. 폭력을 경험하지 않은 국민들과 폭력의 일상에 노출된 국민들이 폭력의 크기에 대해 다르게 반응하는 것은 인지상정이다.

우리의 일상과 연결해 생각해보면 금방 이해할 수 있다. '매 맞는 아내와 자식'은 집안일이니 간섭의 영역이 아니었다. 학교에서의 체벌은 '사랑의 매'일 뿐이다. 남성의 경우 군대에서 폭력을 경험해보지 않고는 남자가 될 수 없다. 사회에서 직장 상사의 폭력적인 언사는 후배를 위한 선배의 충고다. 자식을 위해서, 학생을 위해서, 후임병을 위해서, 후배를 위해서 웬만한 폭력은 '필요악' 정도로 치부되는 것이 한국 사회의 모습이다. 그래서 "몇 대 맞은 것은 맞은 것도 아니다."라고 할 정도다. 몸에 생채기가 나고 멍이 남아야 폭력에 낄 수 있다. 그것도 목적이 정당하면 어느 정도 이해하는 사회적 분위기가 존재한다. '절대 악'이어야 할 폭력에 길들여진 결과가 아니고 무엇이겠는가.

이에 대해 조희연은 한국 현대사가 굴곡의 과정을 거치면서 폭력행위를 정당화하는 국가 폭력의 네트워크가 이루어졌기 때문이라고 지적한다. 그는 법과 기관, 언론, 보수 지식인들과 함께 제도 교육 또한 네트워크의 중요한 구성 주체였다고 지적하는데, 억압된 사회화 과정을 통해 국민들로부터 무의식적인 동의를 이끌어내는 것이 바로 교육이라는 것이다. 이로 인해 폭력에 대해 침묵하거나 방관하는 결과로 이어지고 있다고 지적한다. 학교 또한 폭력을 정당화하는 주체였으며, '학교 폭력'[3]을 적극 활용해왔다. 군대에서의 얼차려 방법인 이른바 '원산폭격' '한강철교'를 학교에서 먼저 배우고, 구둣발과 몽둥이도 학교에서 경험했다. 성희롱과 폭력적인 언사 또한 교육의 방법이었다. 국가가 국민들을 상대로 자행하고 있었던 폭력을 그대로 '선행학습'하는 곳이 바로 학교라는 공간이었던 셈이다.

요즘은 학교 폭력이라는 용어를 학생들 사이에서의 폭력을 지칭하는 언어로 사용하고 있다. 하지만 이는 오해이거나 잘못된 규정이다. 김동춘은 국가 폭력을 "법에 근거하지 않은, 즉 법적 절차를 거치지 않았을 뿐 아니라 의회의 절차 혹은 국민적 토론·합의를 충분히 거

3 여기서의 학교 폭력은 흔히 학교 폭력으로 지목되는 '학생 간 폭력'을 의미하지 않는다. 억압적 교육 구조, 강요된 학습, 체벌 등 학교 당국이 학생들에게 가하는 폭력을 얘기한다.

치지 않은 법에 기초한 국가기관의 민간인에 대한 폭행·폭언·인신통제·감시, 사상·의사·표현 억제"로 정의한다. 이런 정의는 학교에 적용해도 똑같다. 학교에서의 체벌은 법에 근거하지 않고, 합리적 절차도 없이 교사의 자의에 따라 진행되는 즉흥적인 심판이다. 따라서 학교에서의 체벌이 다른 말로 '학교 폭력'이다. 학생들 사이의 폭력은 '학생 간 폭력'일 뿐이다. 국민들 사이에서의 폭력을 국가 폭력이라고 하지 않는 것과 같은 이치다. 학생 간 폭력을 학교 폭력이라고 하는 것은 어쩌면 학교 당국이 자행하고 있는 폭력을 숨기거나 부정하려는 의도가 숨어 있는 것인지도 모른다.

여하튼 이처럼 고통을 느끼는 몸을 이용하는 것이 교육이라는 탈을 쓰고 있는 우리 사회다. 이러한 방법은 고전주의 시대에 신체에 대해 만들어지고, 교정되고, 복종하고, 순응하고, 능력이 부여되거나 혹은 힘이 다양해질 수 있는 것으로 인식했던 것과도 같은 맥락에 있다. 군대와 같이 일사불란하게 움직이는 조직을 위해 신체를 길들이는 방법인 것이다. 인간을 통제하기 위해 순종하는 신체를 만들고자 했던 방법이 현대에 이르기까지 생명을 유지하고 있는 것이다. 그런데 교육의 목적이 무엇인가. 인간의 가치를 발견하고, 사회 구성원으로 살아가기 위해 필요한 다양한 정보와 기술을 배우고 익히는 과정이라고 할 수 있다. 따라서 학교라는 공간은 일사불란하게 움직이는 신체를 길들이는 공간이 아니라 다양한 사고와 경험을 하는 곳이어야 한다. 그러므로 그 방법 또한 다양할 수 있어야 한다.

특별한 지도가 필요한 학생들이 있음을 부정하지 않는다. 그리고 그 학생들이 때로는 다른 학생의 학습권을 침해하거나 교사의 교육적 활동에 방해가 되는 경우도 있다. 이런 행동을 제한하고 교정하기 위한 교육적 방법은 당연히 있어야 한다. 그렇지만 그 방법이 몸을 활용하는 방법이어서는 안 된다는 것이다. 발달주기에 따른 신체적 성장을 기대하는 것이 아니라면 사유와 성찰의 방법이어야 한다.

물론 체벌을 허용해야 한다고 주장하는 사람들은 체벌이 갖는 교육적 효과를 주장한다. 하지만 이런 생각은 체사레 베카리아의 "감각적 고통이 도덕적 오명을 어떻게 정화할 수 있겠는가?"라는 물음 앞에 설득력을 잃는다. 신체에 감각적 고통을 준다고 해도 도덕적 치유는 이루어지지 않는다는 것이다. 도덕적 치유가 이루어지지 않는다면 이는 단지 형벌일 뿐 교육일 수 없다. 더구나 형벌 또한 도덕적 치유를 전제로 하고 있는 것이라고 한다면 이를 기대할 수 없는 방법은 마땅히 폐기되어야 하는 것이다.

그런데도 우리 사회의 학교는 학생들과의 관계, 학교를 운영하는 방식, 교육적 접근 방법 등 많은 부분에서 전근대적인 요소를 벗어나지 못하고 있다. 시대는 근대를 넘어 탈근대가 활발하게 논의되고, 자유주의를 넘어 신자유주의가 지배하는 시대에 이르렀지만 우리의 학교는 근대와 전근대가 불편하게 공존하고 있다고 생각된다. 이것이 학생 인권 문제를 만드는 가장 근본적인 문제이다.

오류투성이 학교의 규정

<사례 1-○○중학교 학생생활규정(안)>

제1조(체벌에 관한 사항) 교사는 교육적 목적으로 하는 체벌을 할 수 있는데, 반드시 학생에게 잘못한 점에 대해 알린다. 학생은 자신의 잘못에 대해 제8장 제1조 제1항에 저촉되지 않게 체벌을 받을 수 있다.

① 금지해야 할 체벌의 유형은 다음 각 호와 같다.

1. 반복적·지속적 신체 고통을 유발하는 기합 형태의 체벌
2. 학생끼리 체벌하도록 강요하는 행위
3. 학생들에게 모욕감이나 수치심 등을 유발시키는 언어적 폭력

<사례 2-○○중학교 학생생활규정>

제53조【벌의 종류】 생활지도의 하나로 학생에게 벌을 줄 경우, 훈육·훈계 등의 방법으로 하되, 도구, 신체 등을 이용하여 학생의 신체에 고통을 가하는 방법(언어폭력도 포함)을 사용해서는 아니되며, 지벌知罰이나 봉사활동과 같은 덕벌德罰을 줄 수 있으며, 훈육·훈계 등의 방법, 그린마일리지제와 학교 폭력 예방에 관한 벌은 따로 적용한다.

제78조【훈육의 방법】

① 교실 뒤로 가서 손들고 서 있기(5분 이내)

② 엎드려뻗쳐(5분 이내)

③ 방과 후에 남겨 교육(①, ②항을 3회 이상 지시받은 경우)

④ 부모님 내교하여 함께 교육

이른바 '오장풍 사건'으로 떠들썩했던 적이 있다. 학생들에게 무자비한 폭력을 행사한 교사를 희화한 별명이다. 이 사건은 마침 「학생인권조례」를 제정하자는 목소리가 높은 때에 일어나 전국적으로 유명세를 탔다. 그런데 '오장풍 사건'과 같은 희대의 황당 사건이 어떻게 교육 현장에서 가능한 것인가? 그리고 우리의 법에서는 체벌을 허용하고 있는가? 그렇지 않다. 이른바 진보 교육감들이 「학생인권조례」를 제정해 체벌을 전면 금지하려고 하자 교육부가 '초중등교육법 시행령'을 개정해 간접 체벌을 허용하겠다는 뜻을 천명했다. 그렇지만 실제 개정은 그렇게 되지 않았다. 처음에는 시행령에 간접 체벌이 가능하도록 명시적 규정을 두려고 했으나 여론의 반발이 일자 교육부가 한발 물러선 것이다.

결국 "학교의 장은 법 제18조 제1항 본문에 따라 지도를 할 때에는 학칙으로 정하는 바에 따라 훈육·훈계 등의 방법으로 하되, 도구, 신체 등을 이용하여 학생의 신체에 고통을 가하는 방법을 사용해서는 아니 된다."라고 개정되었다. 즉, 오히려 직접 체벌을 금지하는 명시적 규정이 만들어졌을 뿐, 간접 체벌을 허용한다는 명시적 규정은 없는 셈이 됐다. '훈육·훈계 등'이 곧바로 간접 체벌을 허용하는 것이라고 할 수 없다. 그럼에도 불구하고 일부 학교에서는 간접 체벌이 가능하다거나, 교육적 목적으로 가능하다는 규정을 두기도 했다. 물론 광주의 경우에는 지속적인 교육청의 권고에 따라 이러한 조항이 모두 사라졌지만 다른 지역의 경우에는 이러한 규정을 쉽게 만날 수 있다.

상위법이 허용하지 않는 것을 버젓이 명시하고 있거나 심한 경우에는 조항들 간의 충돌이 발생하는 경우도 존재한다. 단어의 의미를 잘못 해석하는 오류도 심심치 않다. 〈사례 2〉에서와 같이 육체적 단련을 '훈육'으로 해석하는 경우가 이에 해당한다. 훈육은 통상 '품성이나 도덕 따위를 가르쳐 기름'을 의미한다. 그런데 이를 '육체를 훈련하는 것'이라고 곡해해 신체적 단련을 시키고 있는 것이다. 유일하게 허용된 체벌이 생각의자에 앉아 있는 것인 덴마크에서 쓰레기통을 발로 차서 흘러나온 쓰레기를 학생이 치우게 하는 체벌을 줄 것인가의 여부로 온 사회가 시끄러웠던 것과 비교하면 한심하기 그지없다. 우리에겐 손을 들고 잠깐 서 있거나 '엎드려뻗쳐'를 하는 것은 훈육에 지나지 않고, 이를 학교 규정에서 아무렇지 않게 허용하고 있는 상황이다. 이런 우스꽝스러운 학교 규정은 여기서 그치지 않는다. 가부장적 문화를 강요하는 내용도 발견된다.

〈사례 3-○○여자고등학교 학생생활규정 중 용의 규정 내용〉

치마 교복이 원칙임. 바지 교복 금지(진단서를 첨부하여 학교장의 허가를 득한 경우 허용)

여성은 '치마가 어울린다.'느니 '치마를 입어야 한다.'느니 하는 생각은 전형적인 가부장 사회의 산물이며 왜곡된 성 의식에 근거를 두고 있다. 특히 여학생에게 교복 치마만을 허용하는 것에 대해 이미 2003년 여성부 '남녀차별개선위원회'에서 성차별이라고 판단했다. 국가인권위원회 또한 이러한 입장을 유지해왔고, 2013년 초에는 항공사 여승무원에게 치마만을 입도록 하는 것도 '차별'이라고 판단했다. 당연히 여학생에게도 바지를 선택할 수 있는 기회를 줘야 하는 것이다. 특히 치마 길이를 놓고 교사들과 줄다리기가 비일비재한 상황에서 치마만을 고집할 이유도 없다.

그런데 이러한 규정을 갖고 있는 학교에서는 '학교의 전통'을 만들어가기 위한 것이라 항변했다. 세상에 여학생에게 치마만을 입도록 하는 것이 전통이라니, 이는 가부장 문화를 학교의 문화라고 스스로 밝히는 것이거나 상위 규정이 전통이라는 말로 얼마든지 무시될 수 있다는 발상이 아니겠는가. 이런 식이라면 두발을 스포츠형으로 하는 것도 전통일 수 있고, 밤 12시까지 자율학습을 강제하는 것도 전통일 수 있다. '차별'이라는 모욕적인 지적 앞에서도 '전통'이라는 설득력이 떨어지는 명분을 얘기하는 학교의 당당함이 부끄러울 뿐이다.

그래도 이 학교는 교복 바지를 전혀 입지 못하는 것은 아니라고 주장했다. 진단서를 첨부하면 교복 바지를 입을 수 있다는 것이다. 갈수록 가관이다. 그러면 교복 바지를 입은 여학생은 모두 뭔지는 모르겠지만 병이 있다는 것을 얘기하고 다니는 꼴이다. 그런데 누가 쉽사리 교복 바지를 선택할 수 있겠는가.

〈사례 4-학생생활규정 중 학생회 임원 자격 제한〉

학급 또는 학생회 임원에 입후보하기 위해서는 징계 중이거나 징계를 받은 기록이 없어야 함.

성적, 담임교사의 추천, 출결 상황, 리더로서의 자격을 갖춘 자 등 제한 규정이 있는 경우.

많은 학교에서 학급 또는 학생회 임원의 자격을 제한하고 있다. 성적이나 출결 상황, 담임교사의 추천을 전제로 하는 제한은 대부분 사라지고 있다. 그렇지만 아직 상당수의 학교에서 '리더로서 자격을 갖춘 자' 또는 '타의 모범이 되는 자'라는 포괄적인 자격 제한을 두는 경우가 있다. 물론 임원은 어느 정도 리더로서의 자격이 필요하다. 그런데 문제는 그 자격을 누가 정할 수 있으며, 타의 모범이라는 말의 구체적인 의미를 어떻게 해석할 수 있느냐는 것이다. 과거처럼 학교가 임원을 지명할 때에는 학교 측이 마련한 어떤 기준과 해석이 있을 수 있었다. 그렇지만 요즘의 임원은 대부분 선거권자인 학생들의 자유로운 선거를 통해 선출하고 있다. 그렇다면 선거권을 가진 학생들 스스로 리더로서 자격을 갖춘 사람을 선택하도록 하거나 타의 모범이 되는 사람을 뽑도록 맡기면 그만 아닌가. 이를 학교 규정에 명시해 결과적으로 입후보 자격을 제한하는 결과로 이어지도록 하는 것은 학생 자치활동을 위축하는 것이다.

구체적인 자격 제한 규정도 문제다. 상당수의 학교에서는 징계를 받고 있거나 징계를 받은 기록이 있는 학생에게 임원 입후보 자격을 제한하고 있다. 징계를 받으면 그 어떤 임원도 할 수 없는 상황에 놓이게 되는 것이다. 그런데 학교에서의 징계는 형벌이 아니다. 그러니 징계를 받은 학생도 범죄자는 아니다. 그저 일시적인 행정적 제재를 받은 것에 불과하다. 그런 학생에게 피선거권을 원천적으로 봉쇄하는 것은 과잉 금지의 원칙에 위배된다. 하물며 형벌을 받은 범죄자도 일정한 기간이 지나면 공직에 나가거나 정치 지도자로 입후보할 수 있다. 또 사면제도가 있어서 그 기간을 채우지 않아도 자격을 얻을 수 있다. 훨씬 막중한 사명을 맡고 있는 공직과 정치 지도자도 이러한데 학교 임원의 자격을 너무 광범위하게 제한해서는 안 된다.

국가인권위원회는 징계를 받았다는 이유만으로 임원 입후보 자격을 제한하는 것은 '차별'이라고 판단했다. 학생들이 선거라는 과정을 통해 스스로 결정할 수 있도록 존중해야 한다는 취지이다. 중앙선거관리위원회 역시 '학교생활규정 예시(안)'에서 '정학[4] 이상의 징계를 받았거나, 정학 이상의 징계를 받고 3개월이 경과하지 않은 자'로 입후보 자격 제한을 극히 한정하고 있다. 1학년 때 교내 봉사라는 징계의 가장 낮은 단계를 받았다는 이유로 학급 또는 학생회 임원에 입후보조차 하지 못하도록 하는 것은 아무리 생각해도 지나치다. 심지어 우리의 학교는 범죄자에 대한 사면제도와 같이 징계 기록을 삭제해 주는 기회도 없지 않은가. 적어도 사회의 일반적 상식이 통하는 방향으로 학교의 규정들이 개정될 필요가 있다.

4 학생 징계에서 '정학'이라는 용어는 더 이상 사용되지 않으며, 정학은 요즘 사용하는 징계 용어로 보자면 '출석 정지' 정도에 해당한다.

과도한 임의성과 자의성

교사들이 가장 싫어하는 말 중에 하나가 '규정에 따라서'다. 특히 「학생인권조례」가 시행된 이후 학생지도와 관련해 가장 많이 하는 얘기 중 하나다. 이 말은 다시 얘기하자면 '법치를 하라.'는 얘기이기도 하다. 학교라는 공간이 통치의 공간이 아닌 것은 분명하지만, 학생을 통제하는 대상으로 바라보는 시각이 여전한 우리의 상황에서 일정한 통치가 존재한다는 점도 부정하기 어렵다. 규정에 근거해서 학생지도를 하라는 요구는 「학생인권조례」 이후 일상의 요구이다.

그런데 '법치'는 근대국가를 구성하는 기본 원리이기도 하다. 법치는 권력이 작동하는 근거를 법에 두어 함부로 국민의 권리를 제한하지 못하도록 하는 데 있다. 앙시앵 레짐(구체제)이나 '짐이 곧 법'이라는 횡포에 대한 일종의 방어막인 셈이다. 쉽게 얘기하자면 "왕(권력)의 마음대로 하지 말고 제발 법에 근거해서 하라."인 셈이다. 「학생인권조례」를 제정하고 학생생활규정을 인권적으로 개정하도록 하는 것도 이러한 법치를 학교에 적용하려는 시도인 것이다.

물론 법대로 하는 것이 모두 좋은 것만은 아니다. 인치가 법치보다 훨씬 합리적일 때도 있다. 그런데 인치는 늘 임의성과 자의성에서 자유로울 수 없다. 예측도 불가능하다. 인간은 기본적으로 예측 불가능한 상황에서 불안감을 느끼고, 어떻게 해야 할지 몰라 혼란스러워한다. 그래서 예측 가능한 법치를 통해 인치의 단점을 극복하려는 것이다. 또 법을 도구화하는 법률주의도 경계해야 한다. 법대로만 하면 아무 문제가 없다는 식이거나 악법도 법이라는 시각은 곤란하다. 이러한 시각은 법이 권력을 통제하기 위한 것이지 민중을 통제하기 위한 것이 아니라는 점을 간과했다. 무조건적 준법의 강요는 법치가 아니다.

〈사례 5-○○중학교 학급 규칙〉
담임교사가 학기 초 학생들과 학급회의를 통해 지각, 다른 반 교실 출입 등에 대해 운동장 5바퀴를 돌기로 합의했음.
날씨가 더워지자 학생들이 벌의 방식을 변경하기를 요구했고, 교사가 '앉았다 일어서기' 100회로 결정함.
이러한 규정에 따라 벌을 부여했는데, 한 학생의 경우 복창소리 불량으로 추가 부여해 총 200회 '앉았다 일어서기'를 했음.

〈사례 6-○○중학교 학급 규칙〉〉
담임교사가 학기 초 학급 규칙에 무단지각, 결과, 조퇴, 결석, 동료들과의 다툼 등에 대해 손바닥 때리기(보약, 혈액 순환제 투여라는 표현을 씀), 교실에 침이나 껌을 뱉을 경우 벌금 1,000원(발견 학생에게 지급), 과자를 먹을 경우 다음 날 인원수만큼 사 오기 등의 내용을 포함해 서약서 형태로 학부모 동의를 구하려고 추진.

그런데 재미있는 것은 '규정에 따라서'라는 말에 그토록 반감을 가지면서 정작 교사들은 학급에서 또는 교과 시간에 자기 나름대로의 규칙을 정해놓고 그 '규정에 따라' 학생들을 지도하는 경우가 비일비재하다는 점이다. 일정한 기준을 정해놓고 지도를 하는 것은 학생들에게 예측 가능한 지도를 하는 것이기 때문에 바람직할 수 있다. 또한 교사 스스로 임의적 지도를 최소화하겠다는 의지이기 때문에 긍정적인 면도 없지는 않다. 문제는 그런 규칙을 만드는 과정이 지나치게 임의적이고 자의적이라는 점에 있다. 학생들의 의견을 수렴했다고 하지만 대개 "이렇게 하려고 하는 데 동의하나?"라고 묻거나, "다른 의견이 있으면 말해."라는 식이다. 교사가 낸 의견에 대해 거리낌 없이 의견을 얘기할 수 있는 학생은 많지 않다. 그래서 대부분은 교사의 일방적 의견이 '관철'되는 방식이고, 학생들끼리의 자율적인 논의를 거쳐 정하는 경우는 극히 드물다.

기준이 교사마다 다르고 일관성이 부족한 것도 말할 나위 없다. 물론 각자 나름의 교육 방법이 있으니 어느 정도의 자율성은 존중되어야 한다. 그렇지만 그 차이의 정도가 너무 심하거나 학교 규정이 있어도 이를 교사가 무시하고 규정을 만드는 경우도 있다. 임의적 학급 규칙이나 교과 규칙을 운영하면서 최소한의 정당성 확보에 대해서는 모르쇠 하기도 한다. 그뿐만 아니라 규정에 따라 지도하라는 의미를 규정을 통해 제한하려는 의도로 도구화하는 경우도 있다. 심지어 〈사례 5, 6〉과 같이 학생의 규정 위반에 대해 벌을 주면서 교사가 학교 규정의 범위를 벗어나는 모순도 심심치 않다. 아직 학교에서 제대로 된 법치를 기대하기는 이른 것이 현실이고, 이 또한 학생 인권과 관련한 민원 발생의 주요 원인이다.

학교에서 법치를 실현하자는 것은 사실 학교에서 전근대를 제거하자는 시도에 다름 아니다. 억압적 권위를 탈피하고, 법치를 통해 합리적 공간을 만들자는 것이다. 그런데 법치에 대해 우리가 오해하지 말아야 할 것이 있다. 법치가 국민의 권리를 위해 국가권력을 견제하기 위한 것이라는 점에서 '규정에 근거해서'는 학교 당국과 교사들을 통제하기 위한 수단인 것이지 학생을 통제하기 위한 것이 아니라는 사실이다. 기계적 법 적용을 우리는 '법률주의'라고 하지 법치라고 하지 않는다. 시민이 집회·시위 과정에서 법률적 일탈을 했다고 해서 "끝까지 추적해서 엄벌"하겠다고 하는 것은 법치가 아니라는 것이다. 있다고 해서 그대로 적용하면 그만인 것이 아니라 그러한 규정을 두게 된 목적과 의의를 고려해서 적용하는 것이 올바른 법치이기 때문이다.

규정과 현실의 괴리

〈사례 7-자율학습 및 방과 후 학교 프로그램 참여 동의서〉

「광주학생인권조례」에서는 학습에 대한 학생의 선택권을 인정해 자율학습과 보충수업에 대해 선택할 수 있도록 하고 있으며, 본인 또는 학부모 동의서를 통해 명시적으로 동의를 받도록 하고 있음.

이에 대해 거의 모든 학교가 학생의 선택권을 부여하고 있고 동의 절차를 거치고 있지만, 현실적으로는 학생에게 부모의 동의서까지 서명하게 하는 사례, 학생이 동의하지 않는 경우 학부모를 직접 설득하는 사례, 동의가 아니라 불참 사유서를 제출하게 하는 사례 등 규정을 위반하는 학교 방침을 다수가 운영하고 있음.

「학생인권조례」가 시행된 이후 광주의 학교들은 거의 예외 없이 학교의 규정을 개정했다. 학교별로 편차가 있기는 하지만 광주시교육청에서 권고한 '인권 친화적인 생활규정 예시안'을 반영하려 노력했다. 학생 인권과 관련해 쟁점이 되었던 체벌, 복장, 두발, 전자기기, 소지품 검사 등은 「학생인권조례」의 취지가 반영될 수 있게 대부분 긍정적으로 개정되었다. 자율학습 및 방과 후 학교 프로그램의 경우에도 학교 규정에는 명시하고 있지 않지만 교육청 방침에 따라 자율권을 부여하고 있다. 그런데 문제는 이것이 '공식적'일 뿐이고 '비공식적'으로는 전혀 다른 실상이 벌어지고 있다는 점이다.

우선, 자율학습 및 방과 후 학교 프로그램의 경우에 「학생인권조례」와 교육청 방침에 따르면 '명시적인 동의'를 전제하고 있다. 학생뿐만 아니라 보호자의 동의도 받도록 하고 있다. 자율학습이 말 그대로 '자율적인 학습'이 되게 하고, 방과 후 학교 프로그램이 교과수업을 이어가는 보충학습으로 전락하지 않도록 하기 위한 당연한 조치이다. 대부분의 학교가 동의 절차를 진행하고는 있다. 문제는 '어떻게' 진행하는가이다. 1학년 초에 받은 동의서를 3학년이 될 때까지 유효한 것으로 보는 학교, 문서로 확인하지 않고 그것도 학생들에게만 구두로 묻는 학교, 동의서를 나누어 주고 그 자리에서 바로 보호자 서명까지 학생에게 하도록 하는 학교, 동의하지 않는 학생에 대해 보호자를 집요하게 설득해 참여하도록 하는 학교 등 각양각색의 탈법 양상을 보인다.

그나마 보호자를 집요하게 설득하는 것은 양반이다. 어찌 되었건 설득이라는 과정을 거쳤으니 그것까지 잘못됐다고 딱 잘라 말하기는 어렵다. 하지만 학생들의 진로는 시간이 지나면서 바뀔 수 있고, 대학 진학이 목표였던 것이 다른 것으로 바뀔 수도 있다. 때로는 대학 진학을 위해 자율학습이나 방과 후 학교 프로그램이 아니라 다른 것을 경험해야 할 수도 있다. 그런데 1학년 초에 받은 동의서를 3학년 때까지 유효한 것으로 보는 것은 이러한 가능성을 원천적으로 배제하는 발상이다. 한 번 디디면 헤어날 수 없는 늪도 아닌데, 너무 심하지 않은가.

구두로만 묻는 것도 마찬가지다. 교사와 학생 사이의 힘의 무게 차이가 확연한 우리 사회에서 학생들이 자신의 의사를 표현하기에는 제약이 많다. 학생들을 향해 "자율학습하고 방과 후 빠질 사람 손들어."라고 얘기했을 때 "저요." 하고 자신 있게 손을 들 수 있는 학생은 그리 많지 않다. 학급 규칙이나 수업 규칙을 정할 때와 마찬가지로 침묵할 수밖에 없는 이런 방식을 놓고 동의 절차를 거쳤다고 얘기하는 것은 어불성설이다.

동의서를 나누어 주고 그 자리에서 학생들에게 보호자 서명까지 하도록 해 걷어 가는 것은 더 큰 문제다. 교육의 공간인 학교가 학생들에게 문서를 조작하도록 하고, 조작해도 된다는 비교육적 방식으로 학생들을 가르치는 셈이 된다. 비약하자면 학생들에게 탈법을 자행하도록 강요하고 있는 것이다. 이를 경험한 학생들이 후에 문서를 작성하면서 무슨 생각을 하겠는가. 학교에서 학생들에게 절대 해서는 안 될 일을, 그것도 고작 자율학습에 참여시키겠다고 아무런 문제의식 없이 하고 있는 것이다.

〈사례 8-두발 및 전자기기〉

학교 규정에서는 두발과 관련한 특별한 규정이 없고 학생들의 자율에 맡기고 있는데, 1학년 부장교사가 일정한 기준을 정하고 이를 어길 경우 벌점을 부여하는 등 규정과 어긋나는 지도를 하고 있음. 전자기기 역시 소지는 가능하고 수업이나 교육 프로그램에서 사용이 금지되어 있을 뿐인데, 등교 시 수거하고 하교 시 돌려주는 방식으로 지도하고 있음.

다음으로, 두발과 전자기기와 관련한 규정도 비슷하다. 〈사례 8〉과 같이 규정에는 두발과 전자기기 소지를 학생들의 자율에 맡기고 있는 학교가 많다. 하지만 실제로는 임의적인 기준에 따라 두발 지도[5]를 하거나 전자기기를 일괄 수거하는 방식으로 지도하는 경우가 많다. 이런 모습은 아이러니가 아닐 수 없다. 일반적으로 학생들이 학

5 물론 요즘의 두발 지도는 이전보다 훨씬 완화된 기준에서 이루어지고는 있다. 하지만 학교의 규정과 지도의 기준이 다를 경우 학생들은 이에 대해 수용하지 못하며, 부당성을 적극적으로 제기하기도 한다. 학교 스스로 정당하지 못하다는 점을 학생들이 잘 알고 있는 것이다.

교에서 상벌점을 받거나 징계를 받는 것은 학교의 규정을 위반했다는 이유에서다. 그리고 그 규정 위반에 대해 지나치게 엄격하게 적용하는 경우도 심심치 않다. 그런데 학교가 스스로 정한 규정을 위반하는 경우를 어떻게 이해해야 할지 의문이다. '이현령비현령'도 아니고 학생은 위반하면 안 되고, 학교 또는 교사는 위반하고 있는 상황이라니…….

규정은 공적인 약속이다. 개인과 개인 사이의 사적인 약속보다도 그 구속력이 훨씬 강하고 책임도 크다. 따라서 정당한 내용을 정당한 절차를 거쳐 규정으로 정했다면 이를 존중해야 한다. 특히 그 규정을 집행하는 학교 당국은 반드시 지켜야 한다. 규정도 지키지 않는 학교가 학생들에게 무엇을 가르칠 수 있겠는가.

교권에 대한 오해

「학생인권조례」 시행 이후 가장 많이 나오는 소리가 바로 "교권이 땅에 떨어졌다."는 말이다. 교권이 바닥이어서 학생들을 지도하기 힘들다고 한다. 학교에 불만을 가진 학부모들이 몰려와 폭언을 퍼붓고 폭행을 하는 등 교권 침해 사례가 이루 말할 수 없다고 한다. 교권이 보장되지 않으니 더 이상 교육을 할 맛도 나지 않는다고도 한다. 정말로 교권이 바닥에 떨어졌다고 한다면 심각한 상황이 아닐 수 없다. 그로 인해 교사들이 교육적 열의 자체를 갖지 못한다면 학교는 있으나 마나가 아니겠는가. 아무리 좋은 교육과정을 가지고 있고, 아무리 합리적인 교육 방법론을 가지고 있어도 교사가 '가르칠 맛'을 느끼지 못하면 '말짱 황'이다.

그런데 교사들은 교권에 대해 제대로 이해하고 있는가? 학생들이 인권을 잘못 이해해 교사에게 반항하거나 지도에 응하지 않는 부작용이 발생하고 있다고 주장한다. 학부모들 역시 자신들의 권리를 오해해 학교에 대해 막무가내 식의 무리한 요구를 하는 경우도 있다고 한다. 그러면서 "권리를 주장하려면 의무도 제대로 알아야 한다."[6]라고 볼멘소리를 하기 일쑤다. 하지만 정작 교사들 역시 교권에 대해 제대로 이해하거나 설명하는 사람은 만나지 못했다. 대부분 추상적인 교권이라는 단어에만 집착할 뿐 그 의미가 무엇이고 서로 어떻게 다른지를 모르기는 교사들도 마찬가지다.

흔히 얘기되는 교권은 크게 세 가지로 해석된다. 하나는 '교사의 교육권'으로 정치나 외부의 간섭으로부터 독립되어 자주적으로 교육할 권리를 의미한다. 세부적인 내용으로 수업권, 평가권, 지도권(생활교육권), 연구 활동 등을 들 수 있다. 그리고 이 권리는 학교 이외의 세력, 학부모집단, 나아가 교육행정 당국을 포함한 집단에 대해서는 방어권적 성격이 있고, 학생에게는 일정한 권한으로서의 성격이 포함

6 필자는 여기에 동의하지는 않는다. 권리는 '무엇을 해야만 주어지는' 것이 아니다. 의무를 전제로 하지는 않는다는 말이다. 권리는 그 자체로 권리일 뿐이다. 다만 권리를 제대로 행사하거나 누리기 위해서는 일정한 '책임'이 따를 뿐이다. 다른 사람의 권리를 존중할 책임, 나의 권리를 주장하기 위해 다른 사람의 권리를 침해하지 않을 책임이 있는 것이다. '의무'와 '책임'은 비슷한 말이지만 전제인가 그렇지 않은가에서 많은 차이가 있다.

되어 있다. 다시 말하면 교사라는 직무를 수행하는 데 필요한 권리와 권한인 셈이다. 하지만 이 교권은 헌법에서 보장하는 헌법상의 권리는 아니다. 교사라는 직업을 수행하는 데 필요한 법률적 권리로 「교육공무원법」, 「교원지위 향상을 위한 특별법」 등에서 구체적으로 보장하고 있다. 그리고 교사에게 이러한 권리와 권한을 준 것은 그 자체에 대한 보호의 필요성이 있어서가 아니라 헌법상 권리인 '학생의 교육받을 권리'가 올바르게 실현되도록 하기 위한 수단으로 부여된 것이다. 법률로서의 교권은 어디까지나 학생 인권을 실현하기 위한 수단인 셈이다.

다른 하나는 '교사의 인권'이다. 인권은 사람이 사람답게 살기 위해 누구나 기본적으로 누릴 수 있는 권리로, 태어나면서부터 갖는 권리이다. 교사도 사람이기 때문에 당연히 인권이 있다. 인권이 있으니 이를 누리고 보장받을 권리도 있다. 그런데 교사의 인권이라는 것이 따로 있는가? 학생 인권은 학생에게만 있는 권리이고, 장애인 인권은 장애인에게만 있는 권리인가? 그런 건 존재하지 않는다. 말했듯이 인권은 누구에게나 있는 권리다. 학생에게만, 장애인에게만 있는 인권이 없듯이 교사에게만 있는 인권은 있을 수 없다. 다만, 학생이라는 특수한 신분적 상황 때문에 있는 인권 문제가 있는 것이고, 장애인이기 때문에 주로 문제가 되는 인권의 영역이 있는 것이다. 그것을 우리는 학생 인권 또는 장애인 인권이라고 부른다.[7] 마찬가지로 교사의 인권은 교사이기 때문에 자주 발생할 수 있는 인권 문제를 말하는 것이다. 예컨대 노동권 전반, 휴식권, 사생활의 자유, 정치적 권리, 인격권

(존엄할 권리) 등이다.

마지막 하나는 '교사의 권위'로, 교사라는 전문성과 역량에 기반을 두고서 지위를 인정한다는 의미이다. 그렇다면 교사의 권위는 보장되어야 하는 것인가. 아니면 교사의 전문성과 역량, 신뢰에 바탕을 두고 자연스럽게 형성되거나 인정되는 것인가. 권위주의를 내세워 강요하는 것이 아니라면 당연히 형성되고 인정되는 것이어야 한다. 그게 아니라면 폭력과 억압을 앞세워 복종을 강요하는 무시무시한 공권력의 얼굴과 다르지 않다. 「교원지위 향상을 위한 특별법」에서도 교사의 권위에 복종하도록 하거나 그 권위를 법률로 곧바로 보장하고 있지는 않다. 다만, 교원이 권위를 갖고 학생들을 교육 및 지도할 수 있도록 특별한 배려를 하도록 국가, 지방자치단체, 그 밖의 공공단체에게 의무를 부여하고 있다. 학생이 권위에 복종[8] 해야 한다는 명문의 규정은 어디에서도 찾을 수 없다.

그렇다면 흔히 얘기되는 교권은 이 중에 무엇을 말하는 것일까? 일반적 의미에서 교권은 인권과 권위를 제외한 '교사의 교육권'을 얘기하는 것이 옳다. 인권은 교육권과 달리 헌법적 지위에 있고, 권위는 법률로 강제할 수 있는 것이 아니기 때문이다. 따라서 이 세 가지를 모두 섞어서 쓰는 것보다는 교권, 인권, 권위로 구분하는 것이 오히려

7 학생은 교육받을 권리, 신체의 자유, 인격권, 휴식권, 사생활의 자유, 표현의 자유, 사상 및 양심의 자유, 문화권, 자치 및 참여권 등을 들 수 있고, 장애인은 이동권, 교육받을 권리, 노동의 권리, 가족을 구성할 권리, 자립적인 생활을 할 권리 등을 들 수 있다.

8 교사의 정당한 지도 및 교육에 따라야 한다는 것과 권위에 복종해야 한다는 것은 서로 다른 말이다. 때때로 교사들은 이 둘의 관계를 혼동한다.

합리적이다. 법률에서 규정하고 있는 교사의 권리와 권한이 무엇인지를 명확하게 하고 이를 제대로 보장받기 위한 방향은 무엇인지를 고민하는 것이 필요하기 때문이다. 구체적으로 학생들이 정당한 지도에 불응하거나 교육을 거부하는 경우에는 당연히 법률적 권리인 '교사의 교육권'을 침해한 것이다. 학교 당국이 교사가 수업과 학생지도에 집중할 수 없도록 하는 것 역시 마찬가지다. 연구 활동 시간을 보장하지 않는 것도 교권을 침해하는 일이다. 그렇지만 학생이 정당한 지도에 불응하는 것을 넘어 반항하거나 폭력을 행사하는 것은 교권을 침해한 것이 아니라 헌법상의 인권을 침해하는 것이다. 학부모가 수업을 방해하거나 간섭했다면 교권 침해지만, 언어적·물리적 폭력을 행사했다면 이 역시 인권 침해이다. 그리고 이러한 인권 침해는 교권 침해와는 달리 접근해야 한다. 인권을 교권 침해라는 법률적 지위로 평가절하해서는 곤란하다.

사실 지금의 교육 구조 속에서는 교권이 존중되기 어렵다. 경쟁과 일등주의의 강요에 침묵하고, 학생들을 억압하는 교육행정에 동조하며, 교육자로서 자주적인 교육을 포기하도록 밀어붙이고 있는 상황에서 교사의 권위 역시 형성되기 어렵다. 교권과 권위가 인정되려면 가장 우선적으로는 학교 구조 속에서 상대적 약자인 학생들의 인권이 먼저 보장되어야 한다. 학생 인권 존중을 통해 일방적 주입식 교육에서 소통하는 교육으로의 전환이 필요하다. 이를 바탕으로 교사와 학생 간 대립 구조가 해소되고 나면 상호 존중하는 학교 문화가 조성될 수 있을 것으로 기대한다. 따라서 교권과 권위에 대한 주장은 학생들을 향해서가 아니라 교육행정 당국과 부당한 교육제도를 향해 행사되어야 한다. 자주적 교육의 주체가 되지 못하고 교육 활동의 기능인으로 전락한 교사에게 권위는 있을 수 없다. 왜곡된 교육 구조를 해소하지 않고 모순의 현실에 안존하는 한 교권과 권위는 포장될 수는 있어도 형성될 수는 없는 것이다.

그런데 상당수의 교사는 교권 추락의 원인을 학생들 또는 「학생인권조례」에서 찾고 있다. 자신들을 순응하는 객체로 전락시킨 구조에 대한 반격은 준비하지 않고 손쉬운 상대에게만 화풀이를 하고 있는 셈이다. 이러한 교사들의 태도는 학교 폭력이라고 불리는 '학생 간 폭력'이 나타나는 양상과도 다르지 않다. 박구용은 학생 간 폭력이 자신의 욕망과 욕구를 억누르고 오로지 입시 위주의 경쟁에만 내몰린 결과라고 지적한다. 성적 외에는 다른 어떤 것도 상상하지 못하도록 하는 폭력적인 학교 문화에 대한 "폭동"의 성격이라는 것이다. 이러한 학교 폭력에 시달린 학생들이 자신보다 상대적 강자인 학교 당국에는 대항하지 못하고 복수의 대상으로 상대적 약자인 자신의 동료를 선택한다는 지적을 새길 필요가 있다. 교사들 역시 그들의 권리를 주장할 대상으로서 교육행정 당국을 비롯한 상대적 강자에게로 향하지 못하고 상대적 약자인 학생에게만 향하고 있는 것은 아닌지 성찰해야 한다. 교권 회복, 교권 보장은 학생들이 하는 것도 아니고 할 수 있는 것도 아니다. 동료 교사들과 함께 상대적 강자를 향해 주장했을 때 땅에 떨어진 교권과 권위를 그나마 주워 올릴 수 있지 않을까?

교육적 열정이라는 잘못된 명분

〈사례 9-○○고등학교〉

학생들 학업 수준이 대체로 낮은 학교로, 학부모에게 학생들의 이러한 상황을 알리기 위해 개별 지도 내용까지 일일이 적은 성적표를 전달해 확인을 받아오도록 했는데, 3명이 제출하고 20명이 제출하지 않자 경각심을 주기 위해 당일 제출하지 않은 20여 명을 복도로 불러냈다. 학생들 상황(몸 상태)에 따라 엎드려뻗쳐, 무릎 꿇고 앉기, 서 있기 등을 시켰으며, 이 중 전날에도 문제적 상황을 일으킨 누적된 학생 5~6명에 대해 죽비로 엉덩이를 1~2회 때림.

학생 인권 구제 업무를 하면서 또 하나 부딪히는 문제가 바로 성적과 관련한 것이다. 성적과 관련해 일어나는 일들은 간단치 않다. 입시정책이 굳건하고 아직도 수도권 대학에 몇 명을 보내는지가 고등학교를 평가하는 주요 지표가 되고 있는 현실에서 성적이 중요한 게 아니라는 소리가 학교 입장에서는 공허한 메아리일 수 있다. 물론 성적만 중요한 것은 아니다. 하지만 우리의 현실에서 성적을 무시하라는 말을 쉽게 할 수 없는 것도 사실이다. 그리고 이 성적이라는 녀석이 문제적 상황을 왕왕 만들고 있다.

요즘 학교에서는 옛날처럼 성적으로 '몽둥이찜질'을 하는 풍경은 많이 사라졌다. 허벅지가 시퍼렇게 멍들어 온 자식을 보고 위로는커녕 성적표를 찢어 던지고 한 대 더 때리던 학부모도 이제는 일반적인 모습이 아니다. 그보다는 오히려 귀한 자식 몸에 손을 댔다고 노발대발하는 학부모가 더 많아졌다. 그러니 성적표를 받아 들고 몇 대 맞을지를 계산하며 공포에 떨던 모습도 거의 사라졌다. 교사들 역시 성적을 이유로 벌을 주는 것은 합리적이지 않다는 것에 대해 대부분 공감하고 있다.

그런데도 학생 체벌의 상당 부분은 바로 이 성적과 연결되어 있다. 옛날과 같이 무지막지한 체벌이 이루어지지는 않지만 학력 신장을 이유로 체벌을 버리지 못한 교사들이 발견된다. 물론 이 교사들 역시 계속 체벌을 해왔던 것이 아니라 일시적인 자극을 주기 위해 선택하는 경우가 많다. 매를 들고 다니지는 않았지만 다른 방법을 찾지 못해 일시적으로 체벌을 하는 경우가 많고, 이른바 '체벌 교사'로 낙인찍기 어려운 경우가 많다는 얘기다.

〈사례 10-○○고등학교〉

영어 교사가 단어 시험 결과를 방학 중에는 수행평가에 반영할 수 없게 되자 틀린 개수만큼 60cm 길이의 대나무로 손바닥을 때리는 지도를 했으며, 이에 대한 단기의 효과가 나타나자 학력 신장에 도움이 된다는 이유로 개학 이후에도 수행평가와 체벌을 병행함.

그런데 가끔은 〈사례 10〉처럼 '교육적 효과'를 주장하며 지속적으로 체벌을 하는 경우도 있다. 주로 그 효과의 예로 수업 시간의 쪽지 시험을 든다. 죄송한 얘기지만 이러한 효과를 주장하는 교사들은 대부분 영어나 수학 교사들이다. 영어 단어나 수학 공식과 같이 암기해야 하는 과목의 특성 때문으로 보인다. 그도 그럴 것이 단어 시험을 보거나 수업 시간에 공부한 내용을 쪽지 시험으로 치르고, 틀린 개수에 따라 때린다는 공포를 조성하면 일단 잘 외울 것이 뻔하다. 그런데 문제는 이러한 시험의 결과가 정말로 학력 신장으로 이어지느냐는 것이다. 그리고 그 방법이 매를 드는 것 외에는 방법이 없느냐는 것이다. 사실 그런 주장을 하는 교사들에게 오히려 되묻고 싶을 때가 많다. "학생들을 잘 가르치기로 소문난 교사들은 모두 매를 듭니까? 잘나가는 학원의 강사들이 모두 매를 들고 있습니까?"라고 말이다. 학생들의 학력을 신장하기 위해 교사들은 끊임없이 연구해야 한다. 사실 매를 드는 것은 그 기본을 포기하는 것이다. 교사가 교육적 방법을 연구하지 않고 매를 들어 학생들이 따라오도록 하는 것은 누구나 할 수 있는 방법이다. 기본을 포기해놓고 눈가림식 결과에 대해 교육적 효과 운운하는 것은 뻔뻔하다.

그리고 더 큰 문제는 이러한 교사에 대해 학교 측은 '교육적 열정이 남다른 교사'라며 옹호한다는 것이다. 물론 실제로 교육적 열정이 많은 교사들일 수 있다. 중요한 것은 그 교육적 열정이 올바른 것인가에 대해 학교가 판단할 수 있어야 한다. 아무리 성적으로 모든 것이 평가되는 것이 현실이라고 해도, 성적을 위해 모든 것이 허용될 수는 없다. 마찬가지로 아무리 열정이 많은 교사라 해도 성적을 위해 모든 것을 묵인할 수는 없는 것이다. 오히려 성적을 위해 물불을 가리지 않는 교사가 있다면 이를 지적하고 학생들과 올바른 관계를 형성할 수 있도록 지도해야 한다. 이것이 학원이 아닌 학교가 할 일이고, 사교육이 아닌 공교육이 할 일이다.

교육은 성적으로만 그 결과를 얘기할 수 없다. 성적, 신체적 발달, 자존감, 교사 및 동료 학생들과의 관계 형성, 진로에 대한 욕구, 사회에 대한 관심과 참여, 인류애 등이 모두 교육의 결과여야 한다. 공교육은 공교육 과정에 있는 연령의 사람들이 올바른 사회적 구성원으로 성장하도록 이끌고 지원하고 격려하는 종합적 행위이다. 이 중 특정의 어떤 것에만 치우쳐 그 열정을 불사르고 있다면 그 잘못된 열정을 바로잡아주어야 한다. 학교는 이런 교사들을 옹호해서는 안 되는 것이다. 혹 성적이라는 편향된 교육적 열정에만 애를 쓰는 교사가 있다면 차라리 학원을 추천해줄 일이다.

인권, 결국 상식의 문제

"사람이 되거라."

국가인권위원회가 만든 애니메이션 옴니버스 영화 「별별 이야기 1」의 한 작품 주제이다. 우리 사회의 교육 현실을 배경으로 한 박재동 화백의 작품이다. 그런데 이 영화에는 사람들이 잘 등장하지 않는다. 부모와 교사를 제외하고는 학생들이 모두 고릴라, 원숭이 등 동물의 모습을 하고 있다. 우리들이, 혹은 기성세대가 습관처럼 아이들에게 하는 이른바 "사람이 되거라."라는 말이 갖고 있는 잘못된 지적을 정면에서 비꼬고 있다. 성적표를 던지며 "언제 사람 될래?" 하는 부모, 학생을 혼내며 역시나 같은 말을 하는 교사. 학교 교문에 걸린 교훈도 "사람이 되자."이다. 심지어 사람이 되는 시기도 어른들이 정했다. "대학 가서 사람 되자."라는 급훈이 잘 말해준다. 그런 어른들의 강요에 "전 지금 행복하고 싶어요."라는 학생들의 외침은 공허할 뿐이다.

「학생인권조례」는 당연히 사람인 학생들을 그저 사람으로 인정하라는 소박한 요구일 뿐이다. 새로울 것도 없이 이미 우리 헌법에서 정하고 있는 기본권을 확인하고 있는 것에 불과하다. 헌법에서는 학생 또한 기본권의 엄연한 주체임을 인정하고 있다. 「학생인권조례」는 그동안 헌법의 적용으로부터 배제되어왔던 아이들을 위한 '적극적 조치'인 셈이다. 논란이 되고 있는 체벌, 두발, 복장 등은 헌법에서 보장하고 있는 기본권이다. 그런데 학교 현장에서는 이를 간단하게 무시해왔다. '특별 권력관계'라는 구시대의 논리를 통해 제한을 정당화해왔다. 법률의 오류나 보수적 사법부의 판단 능력에 대해서는 한 치도 의심하지 않고 교사에게 주어진 특권 속에서 안락함을 누려왔다.

그 결과가 오늘날 우리의 교육 현실이다. 입시 위주의 경쟁 이데올로기에 잠식된 학교, 인간의 가치가 아니라 사회에 순응하는 법을 가르치는 교육이 되고 있다. 거기서 교사는 교육의 적극적 주체가 되지 못하고 교육 당국의 충실한 기능인으로 전락하고 있다. "교사와 학원 강사의 차이가 무엇이냐."라는 비아냥거림도 존재한다. 왜곡된 교육 구조를 관철하기 위한 교육 당국의 치밀한 작전에 교사들 또한 무감각해졌기 때문이다. 교육 당국은 학생을 순응하는 존재로 만들기 위해 학생과 교사 사이의 갈등관계를 조장한다. 「학생인권조례」에 대한 근거 없는 공격도 마찬가지다. 그 구조에 대다수 교사들도 순응하고 있다.

인권 친화적인 학교 문화와 「학생인권조례」가 요구하고 있는 것은 인권이라는 인류 사회의 보편적 가치가 그대로 실현되는 학교를 꿈꾸는 거창한 것이 아니다. 인류의 가장 아름다운 약속이라는 「세계인권선언」이 지켜지는 학교를 요구하는 것도 아니다. 물론 지향점이 될 수는 있겠지만 지금 당장 실현 가능하다는 생각은 꿈에도 없다. 사실 인권이라는 말을 내세우고는 있지만 그 근저는 '상식이 통하는 학교'를 요구하는 것에 불과하다. 학생도 사람이라는 상식, 함부로 대하지 말고 얘기를 잘 들어주자는 상식, 경쟁을 배우는 것이 아니라 인간의 가치를 배우는 학교여야 한다는 상식, 수직적 구조가 아니라 관계 속에서 상생하자는 상식, 차별받아서는 안 된다는 상식, 모두가 상식일 뿐이다. 그래서 어쩌면 지금 당장 요구하는 수준은 인권의 기준에 한참 미치지 않을 수도 있다. 인권의 기준이라고 하기에는 「학생인권조례」의 수준이 너무 낮은 것도 사실이다.

그래서 어쩌면 상식으로도 충분할지 모른다. 미국 독립혁명의 기폭제가 되었던 토머스 페인의 책 제목도 『상식』이다. 그 내용의 핵심은 국가에 대한 국민의 권리가 그저 상식에 불과할 뿐이라는 시각이다. 학교도 마찬가지다. 꼭 인권이라는 말로 표현되고 주장되어야 하는 것은 아닐 수 있다. 더구나 인권에 대해 대다수의 교사들이 거부감을 갖고 있고, 어색해하는 상황에서 고집할 일도 아니다. 다만, 상식적인 판단을 가지고, 상식적인 수준에서, 상식적인 접근과 관계에서 출발해보자는 것이다. 우리 사회는 합리적 이성을 가진 사람들이 만나 관계를 맺으며 살고 있다는 믿음에 기초하고 있다. 학교 역시 다르지 않다. 물론 차이는 있겠지만 학교도 이성을 가진 사람들이 합리적 관계를 맺으며 생활하는 공간이 될 수 있는 것이다.

다행스럽게도 「학생인권조례」 시행 이후 작은 변화들을 보이고 있다. 꽉 막혀 있던 교사와 학생 사이에 소통을 시도하는 학교, 교단에서 내려와 눈높이를 맞추는 학교, '자율'을 먼저 주고, 그에 따른 '책임'을 알도록 하는 학교, 임의성과 자의성을 최대한 배제하기 위해 집단적 고민을 하는 학교, 공부 말고 다른 길도 있음을 알게 하는 학교 등 나름의 실험들이 계속되고 있다. 때로는 실패하고 때로는 갈등이 있어 더디기는 하지만 바뀌어가고 있다는 것을 체감할 수 있다. 낯선 변화인지라 마냥 반갑지는 않지만 어색한 모습으로 이러한 변화와 악수하는 교사들도 드물지 않게 만날 수 있다. 비록 아직 많은 부분에서 어둡기는 하지만 희망도 분명하게 보인다. 그래서 멀지 않은 시점에 학교에서도 '상식'이 통할 수 있다는 믿음을 조심스럽게 가져본다. 서로가 조바심만 내지 않는다면 반드시 그렇게 될 수 있다는 데 '한 표' 던진다.

저자 소개

강경필

방황에도 근거가 있을 것이란 믿음으로 철학 공부를 시작하여 더 깊은 혼란의 심연을 탐색하였다. 이제는 뭍에 올라와 나를 잘 말리는 방법을 탐색 중이다. 학교 밖 청소년들에게 조그마한 도움이라도 주고 싶다는 안일한 마음으로 대안학교 교사를 시작하였다가 큰코다치고 사는 중이다.

고은자

아이들이라는 선물을 안고 산다. 그 먹머룻빛 눈망울과 뒹구는 일을 가장 좋아한다. 특히 학급 안에 아이들의 세상을 담아내는 일에 관심이 많다. 현재 자치 공동체로서의 반 활동을 고민하고 있다.

김숙

삶터에 관심 많은 지리 교사다. 낯선 삶터를 걷고 그 삶터의 주인과 대화하며 백인의 시각으로 해석된 세상이 아닌 진짜 세상을 배울 때가 가장 행복하다. 그리고 우리 삶터가 수동적인 권력 공간이 아닌 터 위에 살고 있는 자들의 치열하나 훈훈한 일상의 공간이 되는 날을 꿈꾸며 지리를 가르치고 있다.

김태은

2000년에 국어 교사가 되었다. 잘 가르치고자 숱한 시행착오를 거쳤다. 영광처럼 보였던, 그러나 상처로 가득한 시절을 보냈다. 세상의 여러 선생을 만나고, 여러 지역과 나라를 엿보았다. 가르침의 근본은 '읽기'라는 확신이 들었다. 독서 교육으로 정규 수업 시간을 채우고 있다. 여전히 '읽기'의 본질과 가능성을 탐색하고 있다.

양수희

초등학교에서 아이들과 함께 성장 중이다. 교사가 어깨에 힘을 빼고 아이들에게 진정으로 다가간다는 게 무엇인지를 '인권'의 측면에서 뒤늦게 알아버렸다. 아직도 배울 게 많고 갈 길이 멀지만 이 과정이 즐겁다. 지금 아이들의 모습을 담아 전시회를 하고 싶은 꿈이 있다.

이선화

'일상의 삶터는 더욱 신명나게, 학생은 관계 안에서 소통하고 성장하게'라는 신념으로 학교 현장에서 활동하고 있는 사회복지사(교육복지사)이다. 강점, 생태, 관계의 사회복지 관점을 가지고 당사자를 사회복지 주체로 세우는 관점을 지향하며 오랫동안 실천하고 싶다.

허창영

광주시교육청 민주인권교육센터 조사구제팀장. 인권연대 활동가, 전남대 공익인권법센터 전임연구원을 거쳐 현재 광주광역시교육청 민주인권교육센터에서 학생 인권 조사구제 업무를 맡고 있다. 지금은 인권 친화적인 학교란 무엇인가를 화두로 고민하고 있으며, 앞으로도 인권 활동가로서의 삶을 지향하고 꿈꾸고 있다.

▶ 비고츠키 선집 시리즈

발달과 협력의 교육학 어떻게 읽을 것인가?

생각과 말

레프 세묘노비치 비고츠키 지음
배희철 · 김용호 · D. 켈로그 옮김 | 690쪽 | 값 33,000원

도구와 기호

비고츠키 · 루리야 지음 | 비고츠키연구회 옮김
336쪽 | 값 16,000원

어린이 자기행동숙달의 역사와 발달 I

L.S. 비고츠키 지음 | 비고츠키연구회 옮김
564쪽 | 값 28,000원

어린이 자기행동숙달의 역사와 발달 II

L.S. 비고츠키 지음 | 비고츠키연구회 옮김
552쪽 | 값 28,000원

어린이의 상상과 창조

L.S. 비고츠키 지음 | 비고츠키연구회 옮김
280쪽 | 값 15,000원

성장과 분화

L.S. 비고츠키 지음 | 비고츠키연구회 옮김
308쪽 | 값 15,000원

관계의 교육학, 비고츠키

진보교육연구소 비고츠키교육학실천연구모임 지음
300쪽 | 값 15,000원

비고츠키 생각과 말 쉽게 읽기

진보교육연구소 비고츠키교육학실천연구모임 지음
316쪽 | 값 15,000원

비고츠키와 인지 발달의 비밀

A.R. 루리야 지음 | 배희철 옮김 | 280쪽 | 값 15,000원

▶ 평화샘 프로젝트 매뉴얼 시리즈

학교 폭력에 대한 근본적인 예방과 대책을 찾는다

학교 폭력 어떻게 만들어지는가

문재현 외 지음 | 300쪽 | 값 14,000원

학교 폭력, 멈춰!

문재현 외 지음 | 348쪽 | 값 15,000원

왕따, 이렇게 해결할 수 있다

문재현 외 지음 | 236쪽 | 값 12,000원

아이들을 살리는 동네

문재현 · 신동명 · 김수동 지음 | 204쪽 | 값 10,000원

평화! 행복한 학교의 시작

문재현 외 지음 | 252쪽 | 값 12,000원

마을에 배움의 길이 있다

문재현 지음 | 208쪽 | 값 10,000원

▶ 창의적인 협력수업을 지향하는 삶이 있는 국어 교실

우리말 글을 배우며 세상을 배운다

중학교 국어 수업 어떻게 할 것인가?

김미경 지음 | 332쪽 | 값 15,000원

토론의 숲에서 나를 만나다

명혜정 엮음 | 312쪽 | 값 15,000원

토닥토닥 토론해요

명혜정 · 이명선 · 조선미 엮음 | 288쪽 | 값 15,000원

이야기 꽃 1

박용성 엮어 지음 | 276쪽 | 값 9,800원

이야기 꽃 2

박용성 엮어 지음 | 294쪽 | 값 13,000원

▶ 교과서 밖에서 만나는 역사 교실

상식이 통하는 살아 있는 역사를 만나다

전봉준과 동학농민혁명
조광환 지음 | 336쪽 | 값 15,000원

남도의 기억을 걷다
노성태 지음 | 344쪽 | 값 14,000원

응답하라 한국사 1
김은석 지음 | 356쪽 | 값 15,000원

응답하라 한국사 2
김은석 지음 | 368쪽 | 값 15,000원

즐거운 국사수업 32강
김남선 지음 | 280쪽 | 값 11,000원

즐거운 세계사 수업
김은석 지음 | 328쪽 | 값 13,000원

강화도의 기억을 걷다
최보길 지음 | 276쪽 | 값 14,000원

광주의 기억을 걷다
노성태 지음 | 348쪽 | 값 15,000원

교과서 밖에서 배우는 역사 공부
정은교 지음 | 292쪽 | 값 14,000원

팔만대장경도 모르면 빨래판이다
전병철 지음 | 360쪽 | 값 16,000원

빨래판도 잘 보면 팔만대장경이다
전병철 지음 | 360쪽 | 값 16,000원

김창환 교수의 DMZ 지리 이야기
김창환 지음 | 264쪽 | 값 15,000원

영화는 역사다
강성률 지음 | 288쪽 | 값 13,000원

친일 영화의 해부학
강성률 지음 | 264쪽 | 값 15,000원

한국 고대사의 비밀
김은석 지음 | 304쪽 | 값 13,000원

▶ 살림터 참교육 문예 시리즈

영혼이 있는 삶을 가르치는 온 선생님을 만나다!

꽃보다 귀한 우리 아이는
조재도 지음 | 244쪽 | 값 12,000원

성깔 있는 나무들
최은숙 지음 | 244쪽 | 값 12,000원

아이들에게 세상을 배웠네
명혜정 지음 | 240쪽 | 값 12,000원

밥상에서 세상으로
김흥숙 지음 | 280쪽 | 값 13,000원

선생님이 먼저 때렸는데요
강병철 지음 | 248쪽 | 값 12,000원

서울 여자, 시골 선생님 되다
조경선 지음 | 252쪽 | 값 12,000원

행복한 창의 교육
최창의 지음 | 328쪽 | 값 15,000원

북유럽 교육 기행
정애경 외 14인 지음 | 288쪽 | 값 14,000원

▶ 4·16, 질문이 있는 교실 마주이야기
통합수업으로 혁신교육과정을 재구성하다!

통하는 공부
김태호·김형우·이경석·심우근·허진만 지음
324쪽 | 값 15,000원

내일 수업 어떻게 하지?
아이함께 지음 | 300쪽 | 값 15,000원

인간 회복의 교육
성래운 지음 | 260쪽 | 값 13,000원

교과서 너머 교육과정 마주하기
이윤미 외 지음 | 368쪽 | 값 17,000원

수업 고수들 수업·교육과정·평가를 말하다
박현숙 외 지음 | 368쪽 | 값 17,000원

주제통합수업, 아이들을 수업의 주인공으로!
이윤미 외 지음 | 392쪽 | 값 17,000원

수업과 교육의 지평을 확장하는 수업 비평
윤양수 지음 | 316쪽 | 값 15,000원
2014 문화체육관광부 우수교양도서

교사, 선생이 되다
김태은 외 지음 | 260쪽 | 값 13,000원

교사의 전문성, 어떻게 만들어지나
국제교원노조연맹 보고서 | 김석규 옮김
392쪽 | 값 17,000원

수업의 정치
윤양수·원종희·장군 지음 | 280쪽 | 값 14,000원

▶ 더불어 사는 정의로운 세상을 여는 인문사회과학
사람의 존엄과 평등의 가치를 배운다

밥상혁명
강양구·강이현 지음 | 298쪽 | 값 13,800원

도덕 교과서 무엇이 문제인가?
김대용 지음 | 272쪽 | 값 14,000원

자율주의와 진보교육
조엘 스프링 지음 | 심성보 옮김 | 320쪽 | 값 15,000원

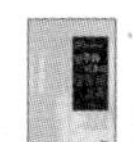
민주화 이후의 공동체 교육
심성보 지음 | 392쪽 | 값 15,000원
2009 문화체육관광부 우수학술도서

갈등을 넘어 협력 사회로
이창언·오수길·유문종·신윤관 지음 | 280쪽 | 값 15,000원

동양사상과 마음교육
정재걸 외 지음 | 356쪽 | 값 16,000원
2015 세종도서 학술부문

교과서 밖에서 배우는 철학 공부
정은교 지음 | 280쪽 | 값 14,000원

교과서 밖에서 배우는 사회 공부
정은교 지음 | 304쪽 | 값 15,000원

좌우지간 인권이다
안경환 지음 | 288쪽 | 값 13,000원

민주시민교육
심성보 지음 | 544쪽 | 값 25,000원

민주시민을 위한 도덕교육
심성보 지음 | 500쪽 | 값 25,000원
2015 세종도서 학술부문

교과서 밖에서 배우는 인문학 공부
정은교 지음 | 280쪽 | 값 13,000원

오래된 미래교육
정재걸 지음 | 392쪽 | 값 18,000원

대한민국 의료혁명
전국보건의료산업노동조합 엮음 | 548쪽 | 값 25,000원

교과서 밖에서 배우는 고전 공부
정은교 지음 | 288쪽 | 값 14,000원

▶ 남북이 하나 되는 두물머리 평화교육

분단 극복을 위한 치열한 배움과 실천을 만나다!

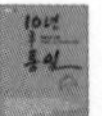

10년 후 통일
정동영·지승호 지음 | 328쪽 | 값 15,000원

선생님, 통일이 뭐예요?
정경호 지음 | 252쪽 | 값 13,000원

분단시대의 통일교육
성래운 지음 | 428쪽 | 값 18,000원

▶ 출간 예정

근간 핀란드 교육의 기적은 어떻게 만들어지나
Hannele Niemi 외 지음 | 장수명 외 옮김

근간 걸림돌
키르스텐 세룹-빌펠트 지음 | 문봉애 옮김

근간 도덕 수업, 책으로 묻고 윤리로 답하다
울산도덕교사모임 지음

근간 체육 교사, 수업을 말하다
전용진 지음

근간 고쳐 쓴 갈래별 글쓰기 1
(시·소설·수필·희곡 쓰기 문예 편)
박안수 지음(개정 증보판)

근간 교실을 위한 프레이리
아이러 쇼어 엮음 | 사람대사람 옮김

근간 고쳐 쓴 갈래별 글쓰기 2
(논술·논설문·자기소개서·자서전·독서비평·설명문·보고서 쓰기 등 실용 고교용)
박안수 지음(개정 증보판)

근간 존 듀이와 교육
한국교육연구네트워크번역총서 05 | 짐 개리슨 외 지음

근간 조선근대교육의 사상과 운동
윤건차 지음 | 이명실·심성보 옮김

근간 학교 혁신을 넘어 교육 공화국으로
정은균 지음

근간 조선족 근현대 교육사
정미량 지음

근간 왜 따뜻한 감성 수업인가
조선미 지음

근간 마을교육공동체란 무엇인가
서용선 외 지음

근간 고등학교 국어 수업 토론 길잡이
순천국어교사모임 지음

근간 학교협동조합,
현장체험학습과 마을교육공동체를 잇다
주수원 외 지음

근간 함께 만들어가는 강명초 이야기
이부영 외 지음

근간 어린이와 시 읽기
오인태 지음

참된 삶과 교육에 관한 생각 줍기